星栞 HOSHIORI

2024年の星占い

・水瓶座・

石井ゆかり

水瓶座のあなたへ
2024年のテーマ・モチーフ
解説

モチーフ：スプーンとフォーク

自分の手で物事を調整していく年です。切り分けたり、取り分けたり、自分の口の大きさに合うように調整したりできるのです。丁寧に手を動かすことで、物事が動きます。誰かに口に運んでもらうのを待つのではなく、自分の手で価値あるものを手に入れられる時間なのです。さらに、たとえば赤ん坊や病人に御飯を食べさせてあげるようなシーンもあるかもしれません。あなたの手は2024年、自分自身のためだけでなく、誰か大切な人のためにも、素晴らしく働くことになるようです。

CONTENTS

はじめに

こんにちは、石井ゆかりです。

2020年頃からの激動の時代を生きてきて、今、私たちは不思議な状況に置かれているように思われます。というのも、危機感や恐怖感に「慣れてしまった」のではないかと思うのです。人間はおよそどんなことにも慣れてしまいます。ずっと同じ緊張感に晒されれば、耐えられず心身が折れてしまうからです。「慣れ」は、人間が厳しい自然を生き延びるための、最強の戦略なのかもしれませんが、その一方で、最大の弱点とも言えるのではないか、という気がします。どんなに傷つけられ、ないがしろにされても、「闘って傷つくよりは、このままじっとしているほうがよい」と考えてしまうために、幸福を願うことさえできないでいる人が、とてもたくさんいるからです。

2024年は冥王星という星が、山羊座から水瓶座への移動を完了する時間です。この水瓶座の支配星・天王星は「所有・物質的豊かさ・美・欲」を象徴する牡牛座に位置し、年単位の流れを司る木星と並んでいます。

冥王星は深く巨大な欲、社会を動かす大きな力を象徴する星で、欲望や衝動、支配力と関連づけられています。すなわち、2024年は「欲望が動く年」と言えるのではないかと思うのです。人間の最も大きな欲望は「今より落ちぶれたくない」という欲なのだそうです。本当かどうかわかりませんが、この「欲」が最強である限り、前述のような「慣れ」の世界に閉じこもり続ける選択も仕方がないのかもしれません。

でも、人間には他にも、様々な欲があります。より美しいものを生み出したいという欲、愛し愛されたいという欲、愛する者を満たしたいという欲、後世により良いものを残したいという欲。「欲」が自分個人の手の中、自分一人の人生を超えてゆくほど大きくなれば、それは「善」と呼ばれるものに近づきます。水瓶座の冥王星は、どこまでもスケールの大きな「欲」を象徴します。世界全体にゆき渡る「欲」を、多くの人が抱き始める年です。

《注釈》

◆ 12星座占いの星座の区分け（「3/21〜4/20」など）は、生まれた年によって、境目が異なります。正確な境目が知りたい方は、P.124〜125の「太陽星座早見表」をご覧下さい。または、下記の各モバイルコンテンツで計算することができます。
インターネットで無料で調べることのできるサイトもたくさんありますので、「太陽星座」などのキーワードで検索してみて下さい。

モバイルサイト【石井ゆかりの星読み】（一部有料）
https://star.cocoloni.jp/（スマートフォンのみ）

◆ 本文中に出てくる、星座の分類は下記の通りです。

火の星座：牡羊座・獅子座・射手座　地の星座：牡牛座・乙女座・山羊座
風の星座：双子座・天秤座・水瓶座　水の星座：蟹座・蠍座・魚座
活動宮：牡羊座・蟹座・天秤座・山羊座
不動宮：牡牛座・獅子座・蠍座・水瓶座
柔軟宮：双子座・乙女座・射手座・魚座

《参考資料》

・『Solar Fire Gold Ver.9』（ソフトウェア）/ Esoteric Technologies Pty Ltd.
・『増補版　21世紀　占星天文暦』/ 魔女の家BOOKS　ニール・F・マイケルセン
・『アメリカ占星学教科書　第一巻』/ 魔女の家BOOKS　M.D.マーチ、J.マクエバーズ
・国立天文台 暦計算室Webサイト

HOSHIORI

水瓶座 2024年の星模様

年間占い

アイデンティティを構成する要素

たとえばあるアーティストのファンになると、そのアーティストは半ば自分の一部のようになります。夢中になって取り組んでいる趣味は、自分の一部です。恋をした時もそうですが、強烈な魅力に巻き込まれ、生活がその対象を軸に一変するような時、「好きになったもの」は自分のアイデンティティに組み込まれてしまいます。世の中にはフィギュアや架空の存在と真面目に「結婚」する人がいますが、それがごく真剣に行われるのは、人間が自分のアイデンティティにあらゆるものを取り込みうることの表れです。

水瓶座の2024年は、アイデンティティが新たに創られ始める時間です。そこでは、何かに心奪われる経験、自分以上に大切にできるもの、絶対に守りたいもの、どうしても突き放せないもの、愛の対象から自分のルーツ、愛着のこもる持ち物、好き嫌いなどが大きな意味を持ちます。

「何者かになりたい」と望む人はたくさんいます。ではその「何者か」は、一体どんな条件でできているの

◇◇

でしょうか。大企業の重要なポジションにあるとか、非常に多くのお金を稼いでいるとか、多くの人に名前を知られているなどのことを「何者か」だとイメージする人は少なくありません。もちろん、そうしたことに自信を持つのは決して悪いことではありませんが、第三者から見れば「肩書きがあるからといって、その人が立派だということにはならない」「金持ちだとしても、それに何の意味があるのか」など、無効化されることもあります。「自分はこういう者である」と説明する時、一体何を誇り、何を語りうるのか。それが、2024年の水瓶座の大きなテーマなのです。

もちろん、このテーマは2024年だけのものではありません。もしかするとこのテーマは2024年にスタートし、2043年頃に一つの完成形を見るのかもしれません。2024年は特に「経済的・物質的に何を得ているか」「自分のルーツは何か」「どこに住んでいるか」「どんな個性・才能があるか」などのことに意識が向かう可能性があります。どちらかと言えばベタな、わかりやすい分野において、「自分とは何か」を問いかける場面が増えるかもしれません。

◇◇

◇◇◇

「居場所」に根を下ろす前半

2023年半ばから2024年5月末は「居場所・家・家族・住環境」の時間です。居場所を作る、家庭を作る、環境を作ることに注力する人が多いでしょう。物理的に引っ越したり家を建てたりする人もいれば、家族や身近な人との関係を丁寧に育ててゆく人もいるはずです。ある場所が「居場所」に変わるまでには、時間がかかります。その場所で暮らしを重ねてゆくことで、緊張感が少しずつ薄れ、身体の一部となります。家族もそうで、共有する時間や体験を粘り強く積み重ねてやっと「身内」としての結びつきが根を下ろします。そんな体験を重ねていけるのが、この2024年前半です。2018年頃から居場所を作るために長い道のりを歩み続けてきた人も少なくないだろうと思います。2024年前半は、その道のりが一つの場所に至り、深い安堵を味わえる時間となるかもしれません。

より自由な生き方、自分らしい住環境を探し求めてきた人も、2024年前半にその答えを見つけられるかもしれません。「ここでなら、自分らしく生きられる！」

◇◇◇

という手応えを得られます。今まで自分の居場所が定まらず、ずっと旅人のような気持ちだった人も、「ここに根を下ろしてみたい」と思える場所に辿り着けるかもしれません。あるいは、そう思える「誰か」に出会えるのかもしれません。

家や家屋以外にも、「心の置き場所」「帰るべき場所」を見つける人もいるでしょう。ある人間関係、ある地域、ある組織などが「これこそが自分の居場所だ」と思える世界となるかもしれません。

「愛と創造の季節」に入る後半

2024年5月末から2025年6月上旬は「愛と創造の季節」です。大恋愛をする人もいれば、クリエイティブな活動において大成功を収める人もいるでしょう。才能を活かす場に恵まれ、心から「やりたい！」と思えることに取り組めます。趣味や遊びの活動にも強い追い風が吹き、とにかく楽しめる時間です。自己表現の場に恵まれますし、自己主張が概ね、快く受け止めてもらえます。独自のアイデアが認められ、大ブレイクを果たす人もいるはずです。

◇◇◇

水瓶座の人々の中には客観性を重んじるあまり、「このくらいのことができる人はたくさんいる」「自分よりできる人がいる」などと考え、自己表現に背を向けてしまう人も少なくありません。でも、この時期はそうした自己否定は、冷静でも公平でもありません。むしろ、未熟でも不完全でも、敢えて自分を打ち出していくことで、成長し、力をつけられるタイミングと言えます。闘わない人は決して、強くなれません。2024年半ば以降は「闘って強くなる」時間です。

人生を満たし始める「熱」

生活全体が右肩上がりに「熱を帯びる」年です。自分の中に欲望や衝動が燃え上がる場面がありますし、誰かの熱い思いに触れて刺激を受ける場面もあるはずです。普段は冷静さや論理性を重んじ、熱くなっている他人を見ると不可解だと感じる人も、2024年は自分自身がびっくりするほど熱くなるのを感じられるでしょう。興奮したり怒ったり、感情を誰かに激しくぶつけたりして、そのような行動に出た自分自身が一番びっくりすることになるかもしれません。

◇◇◇

◇◇

また、様々な「欲」が湧き上がる時期でもあります。「どうせ手に入らない」と諦めていたものを追い求めずにいられなくなるかもしれません。自分を変えるために大胆な試みをする人もいるかもしれません。誰かのちょっとした一言がきっかけで一念発起、新たな人生の選択をする人もいるでしょう。ここから2043年頃にかけて「生まれ変わる」ようなプロセスを辿る人もいるはずなのですが、その入り口となる2024年、何か象徴的な変化が、半ば「自然に」起こる可能性があります。たとえば、これまで絶対に手放さずにきたものをいきなり手放したくなるのかもしれません。長年執着していたものが突然どうでも良くなるかもしれません。こうした変化は、無気力の結果ではなく、むしろ、新しい熱が燃え始めていることの証しです。あなたの「欲」の全てが今、再構築の時間に入りつつあるのです。

{ 仕事・目標への挑戦／知的活動 }

2024年5月末から2025年6月上旬は「就労条件、役割、義務、責任」などに強いスポットライトが当たる時間となっています。ゆえにこの時期、転職やキャリ

◇◇

◇◇◇

アアップを果たす人が少なくないでしょう。活動の場が変わるというよりは、就労条件・働き方が変わる時と言えます。いわゆる「ブラック企業」的な環境で苦労し続けてきた人は、この時期に転職や独立に踏み切れるかもしれません。役割分担が変わったり、周囲から求められることが変わったりして、仕事を新たな形で捉え直す必要も出てきそうです。この時期は単純に「仕事の量が増える」傾向もあり、ワーカホリック気味になる人もいるはずです。心身のコンディションに普段以上に気を配り、「安定的に走り続けること」を意識したい時です。

また、この時期は素晴らしいスキルが身につきます。訓練、修行の機会に恵まれ、現実的な技術や知識が身につき、一気に成長できる時です。「習うより慣れろ」「できる人を見て盗め」などの方針も、この時期にはフィットしそうです。「できるようになってからやる」のではなく、できない状態でいきなり現場・実地に飛び込んで、だんだんに自分を鍛えていくことになります。場数を踏むことで強くなれる時と言えます。

世の中には、アイデンティティを仕事や社会的立場

◇◇◇

◇◇

で支えている人が少なくありません。「公僕として生きる」「一職人として人生を全うする」「技術者としての矜持を守る」など、仕事と人間的な価値観を結びつけ、これを自分の根幹として生きようとするスタンスは、ごく一般的に見られます。この時期のあなたの世界でも、似たようなことが起こるかもしれません。すなわち、職業と自分の人生、キャラクター、アイデンティティとが分かちがたく融け合い始めるのです。「一人のクリエイターとして、どう生きるべきか」「人をマネジメントする者として、何を学び、実践すべきか」などのテーマを胸に、周囲に押しつけられたのではない自分自身の課題を掲げ、取り組む人が少なくなさそうです。

{ 人間関係 }

「公私」で言えば、どちらかと言えば「私・プライベート」の人間関係にスポットライトが当たっています。家族や身内、地域の人々と過ごす時間が多いかもしれません。「あの人は苦手だけれど、どうしてもこの場には参加しなければならないから、仕方なく会う」といったガマンしての交流は、2024年は少なく済ませるこ

◇◇

とができそうです。好きな人・親しい人・関わりたい人と、積極的に濃密な時間を持てるはずです。

また、「懐かしい人との再会」が多い1年でもあります。旧交をあたためる機会、同窓会、古い仲間から「手伝って」と頼まれるような場面もあるかもしれません。普段、過去を振り返ることに抵抗がある人も、2024年は不思議と素直に、かつての人間関係の復活を喜べそうです。自分のルーツに触れる機会、原点に返る機会にも恵まれます。周囲の人々、懐かしい人々との関わりから、「自分は本来、こういう人間だった」といった再発見が叶うかもしれません。

11月から2025年1月頭、2025年4月半ばから6月半ばは、「人間関係に熱がこもる」時期です。個性的な人、情熱的な人と関わり、ポジティブな刺激を受け取れる一方で、タフな交渉に臨んだり、ケンカや衝突が起こったりと、「真剣勝負」に挑む人も少なくないはずです。ここでは遠慮せずぶつかることで、面白い縁を見つけ、育てる機会に恵まれます。衝突がきっかけで憧れの人から見出(みいだ)される、といった展開も。

◇◇

お金・経済活動

2023年春頃から、経済的な不安を抱えている人が少なくないかもしれません。この時期は実質的な問題以上に、「不安」が膨らみやすいようです。お金をたくさん持っている人ほどお金に対する不安や悲観が強い、と言われるように、いくらあれば「足りている」かは、究極には、主観でしかありません。「こんな経済状態だったらなあ」という理想と、「今これだけしかない」という現実のギャップがこの時期は大きく広がりがちです。そのギャップから、不安や悲観が生まれ、増幅します。ただ、こうしたネガティブな思いも、一概に「悪」とは言えません。なぜなら、この時期のあなたはそうした不安を動機として、堅実な対策を打ち始めるからです。コツコツ貯金を始めたり、稼ぎを増やすために資格取得に挑戦したりと、地に足のついた現実的な努力を始めつつある人が多いはずです。この頑張りは遅くとも2026年頭には実を結びます。すぐには成果が見えなくとも、この時期のあなたの経済活動に対する地道な取り組みは、必ず報われます。

経済的自立を目指している人、「手に職をつける」こ

◇◇

とを志している人も、そのプロセスでは「本当に自分にできるのだろうか？」という不安がつのるかもしれませんが、その不安こそが「本当に頑張っている」証拠です。山を登りつつある人だけが、その山の真の高さを実感できるものだからです。

9月後半、お金に関して少しびっくりさせられるような嬉しいことが起こるかもしれません。

健康・生活

水瓶座の人々は何事も論理的に考える傾向があり、自分の欲望や感覚についても「こう感じるべき」など、頭で解釈しようとします。ゆえに過剰にストイックになったり、自分の身体が何を求めているのかを知覚しにくくなったりすることがあります。この時期は特にその傾向が強まります。特に食事や睡眠、運動などについて、自分が何を必要としているのかを感じにくくなるのです。「普通はこのくらい眠れば大丈夫」「人間が1日に必要なエネルギーは何キロカロリー」など、外部の情報から自分のニーズを捉えようとしてしまうと、体調を崩す可能性があります。体質や体調は個人差が

◇◇

大きいものです。その人が今、何をどれくらい求めているのかは、結局その人自身の実践を通してしか捉えられないのです。

たとえば、トレーニングなどでしばしば「筋肉をいじめる」といった表現が使われます。鍛えるために強い負荷をかける、という意味合いですが、これが本当の心身への「いじめ」のようになってしまうと、深い傷を負うこともあります。特に9月以降、2025年半ばにかけては、自分を「いじめすぎて、傷つけてしまう」ことがないよう、気をつけたい時期です。どんなに身体に良いことも、どんなに素晴らしい栄養素も「過ぎたるは及ばざるが如し」です。やりすぎは毒なのです。健康法やエクササイズへの「依存」は、立派な不調です。健康や美しい肉体、「正しい食生活」などの「正しさ」へのこだわりが強まった時は、その一方で自分の選択の「過剰さ」に心身が悲鳴を上げていないかどうか、心や身体の声に耳を澄まして頂きたいと思います。

◇◇

◉ 2024年の流星群 ◉

「流れ星」は、星占い的にはあまり重視されません。古来、流星は「天候の一部」と考えられたからです。とはいえ流れ星を見ると、何かドキドキしますね。私は、流れ星は「星のお守り」のようなものだと感じています。2024年、見やすそうな流星群をご紹介します。

4月下旬から5月／みずがめ座η流星群

ピークは5月6日頃、この前後数日間は、未明2〜3時に多く流れそうです。月明かりがなく、好条件です。

8月13日頃／ペルセウス座流星群

7月半ば〜8月下旬まで楽しめる流星群です。三大流星群の一つで、2024年は8月12日の真夜中から13日未明が観測のチャンスです。夏休みに是非、星空を楽しんで。

10月前半／ジャコビニ流星群
（10月りゅう座流星群）

周期的に多く出現する流星群ですが、「多い」と予測された年でも肩透かしになることがあるなど、ミステリアスな流星群です。2024年・2025年は多数出現するのではと予測されており、期待大です。出現期間は10月6日〜10月10日、極大は10月8日頃です。

HOSHIORI

水瓶座　2024年の愛

年間恋愛占い

♥ 約12年に一度の「愛の時間」へ

2024年5月26日から2025年6月10日まで、約12年に一度の「愛の季節」となっています。フリーの人も、カップルも、片思いやその他複雑なシチュエーションにある人も、この時期はきっと、嬉しい展開の糸口を掴めます。思い切って愛を生きる時間です。

パートナーを探している人・結婚を望んでいる人

5月下旬から2025年6月上旬はズバリ「愛の季節」です。愛を探している人はこの時期、きっと「その人」に巡り合えるでしょう。受け身でいても色々なお誘いの声がかかるかもしれませんが、そうした環境ではトキメキや楽しさはあっても、将来を共有できる真剣なパートナーには出会いにくいかもしれません。一時的なラブアフェアの楽しみではなく、長期的で真剣な関係を探している人は、より現実的なアクションを自ら起こすことが重要です。「なんとなく色々あるから、そのうち本命に出会えるだろう」とのんびり構えてしまうと、この「愛の季節」はなんとなく駆け去ってしまう可能性があるのです。あなた自身の真剣度、能動性が、この時期の愛の物語の着地点を、大きく変えます。特に11月から2025年半ばは、どこか「真剣勝負」の雰囲気が漂います。パートナーを探すことがある種の挑戦、対決のような意味合いを持つかもしれません。対等に渡り合える強い相手を探し出せそうです。

{ パートナーシップについて }

年の前半は「居場所の時間」で、あたたかな家庭を共同で運営するという意識を共有し直せます。「一緒にこんな暮らしをしたい」という理想を語り合い、それに近づくように生活全体をチューニングできます。「生活者」という観点から愛を育てていける時です。

年の半ば以降は「愛の季節」で、トキメキやドラマティックなシチュエーションを演出できる時です。意識的に新しいスポットに出かけたり、二人でできるアクティビティを探したりすることで、フレッシュな恋愛感情がよみがえるかもしれません。11月から2025年6月半ばは、ぶつかる場面も増えそうですが、これは決して「悪いこと」ではありません。言いたいことを思い切り言い合える、という喜びを実感できるでしょう。大切なのは愛情である、ということを見失わない限り、真剣に向き合って得るものが多い時です。

{ 片思い中の人・愛の悩みを抱えている人 }

5月末から2025年6月上旬は「愛の季節」で、愛の悩みも解決に向かう可能性の高い時期と言えます。片思いの人は思いを伝える機会を掴めるかもしれません。こんがらがった関係の中で未来に希望が持てずにいる人も、自ら愛の未来へのレールを敷くことができる時期です。

8月は互いの関係を振り返り、見つめ直す時間を持てます。一時的に距離を置くなど、状況の流れを変えるような試みが功を奏するかもしれません。

さらに11月から2025年1月頭、2025年4月半ばから6月半ばは、正面からぶつかっていける熱い時間となっています。言いたいことが言えずに悩んでいた人、向き合えずに思いを抱え込んでいた人、摩擦や衝突を恐れて思いを抱え込んでいた人は、この時期にそうした膠着状態を「ブレイク」できそうです。勇気を出して真剣勝負を挑み、愛の新しい扉を開くことができる時です。

｛家族・子育てについて｝

2023年5月末から2024年6月上旬は「居場所・家族の季節」です。この間、あたたかな家庭を作るために奔走する人が少なくないでしょう。帰るべき場所、守るべき場所のことが生活の中心的テーマとなります。家庭を持ちたいと願っていた人は、ここでその願いが叶う可能性があります。身近な人との関係に悩んでいた人も、この時期その悩みが解決するでしょう。身内との人間関係が一気に好転します。引っ越しや住み替えは概ね、幸福な展開となるでしょう。この時期は特に、あなた自身の要望・ニーズを軸として動くことが重要です。家族全体で行動する時はどうしても、自分の望みを後回しにしがちな人も、この時期だけは自分の好き嫌い、夢、欲求を前に出すほうが、結果的に話が早く進みます。自分のニーズの優先順位を最初に下げてしまうと、後でややこしい撤回や変更を余儀なくされるかもしれません。

●○●

子育てについては、2024年5月末から2025年6月上旬がズバリ「子育ての時間」です。この時期に子供を持つ人も少なくないはずです。また、子育てにまつわる悩みを抱えていた人は、その悩みが解決に向かうでしょう。特に、長期的な視野に立つことで解決することが多いかもしれません。近視眼的になり、細かいことへのこだわりが強まっていたり、「みんなこうしている」の「みんな」の範囲が狭くなりすぎたりしていた人は、この時期にそうした狭さ、近さを解除するきっかけに恵まれます。小さな箱庭のような世界から真の「外界」に出て、広やかな場で子育てに取り組めそうです。

{ 2024年　愛のターニングポイント }

1月下旬から3月、そして5月下旬から2025年6月上旬まで、熱い愛の季節です。特に2月半ばから3月半ば、5月下旬から6月中旬、7月から8月頭、12月から2025年1月頭は、キラキラの愛の追い風を感じられるでしょう。また、8月は「失った愛がよみがえる」時間です。愛の世界で大切なものを取り戻せそうです。

●○●

HOSHIORI

水瓶座　2024年の薬箱

もしも悩みを抱えたら

❈2024年の薬箱 〜もしも悩みを抱えたら〜

誰でも日々の生活の中で、迷いや悩みを抱くことがあります。2024年のあなたがもし、悩みに出会ったなら、その悩みの方向性や出口がどのあたりにあるのか、そのヒントをいくつか、考えてみたいと思います。

◈君子豹変す

「自分らしくない自分」を感じ、不安になる場面があるかもしれません。これまで感じたことのないような衝動や欲望を感じ、「こんな方向に向かっていいのかな？」という疑問が湧いてきそうです。あるいは、長い間「これはあり得ない」「こんなことは悪いことだ」「やっている人がいるけど、全く理解できない」など、完全否定してきたことを、この時期なぜか自分でやってみたくなるかもしれません。全否定してきたことを欲望する、という矛盾の中で、深く悩み、傷ついてしまう人もいるのではないかと思います。この時期、過去の自分と今の自分の一貫性を保とうとするのは、無理があります。あなた自身が根本的な変化を始めようとしているので、「過去の自分と同じ自分」ではいられないのです。「君子豹変す」を合い言葉に、変化する自分をまずは否定せず、受け入れてみて。

◈お金にまつわる「杞憂」

2023年からの経済的な不安が、この時期も続くかもしれません。早ければ2025年、遅くとも2026年頭には、その不安から解放されます。また、この時期のお金にまつわる不安は、その大部分が杞憂です。あなたの頭が生み出した想像に過ぎないのです。本当に考えるべきことは何なのかを、空想とは切り離して考えることが大切です。あくまで現実を直視して。

◈詰め込みすぎに注意

9月以降、ワーカホリックになりがちです。あれもこれもやらなければ、と自分を追い込んだ時は、「本当にやらなければならないのか？」と問い直して。

2024年のプチ占い（牡羊座〜乙女座）

牡羊座（3/21-4/20生まれ）

特別な縁が結ばれる年。特に春と秋、公私ともに素敵な出会いがありそう。年の前半は経済活動が熱く盛り上がる。ひと山当てる人も。年の半ば以降は、旅と学び、コミュニケーションの時間へ。成長期。

牡牛座（4/21-5/21生まれ）

約12年に一度の「人生の一大ターニングポイント」が5月末まで続く。人生の転機を迎え、全く新しいことを始める人が多そう。5月末以降は、平たく言って「金運の良い時」。価値あるものが手に入る。

双子座（5/22-6/22生まれ）

大きな目標を掲げ、あるいは重大な責任を背負って、ひたむきに「上を目指す」年。5月末からは素晴らしい人生のターニングポイントに入る。ここから2025年前半にかけ「運命」を感じるような出来事が。

蟹座（6/23-7/23生まれ）

夢と希望を描く年。素敵な仲間に恵まれ、より自由な生き方を模索できる。新しい世界に足を踏み入れ、多くを学べる年。9月から2025年春にかけて「自分との闘い」に挑む時間に入る。チャレンジを。

獅子座（7/24-8/23生まれ）

大活躍の年。特に5月末までは、仕事や対外的な活動において素晴らしい成果を挙げられる。社会的立場がガラッと変わる可能性も。独立する人、大ブレイクを果たす人も。11月以降も「勝負」の時間。

乙女座（8/24-9/23生まれ）

冒険と成長の年。遠い場所に大遠征を試み、人間的に急成長を遂げる人が多そう。未知の世界に思い切って足を踏み入れることになる。5月末以降は大活躍、大成功の時間へ。社会的立場が大きく変わる。

（※天秤座〜魚座はP.96）

HOSHIORI

水瓶座 2024年 毎月の星模様

月間占い

◈星座と天体の記号

「毎月の星模様」では、簡単なホロスコープの図を掲載していますが、各種の記号の意味は、以下の通りです。基本的に西洋占星術で用いる一般的な記号をそのまま用いていますが、新月と満月は、本書オリジナルの表記です（一般的な表記では、月は白い三日月で示し、新月や満月を特別な記号で示すことはありません）。

♈：牡羊座	♉：牡牛座	♊：双子座
♋：蟹座	♌：獅子座	♍：乙女座
♎：天秤座	♏：蠍座	♐：射手座
♑：山羊座	♒：水瓶座	♓：魚座
☉：太陽	●：新月	○：満月
☿：水星	♀：金星	♂：火星
♃：木星	♄：土星	♅：天王星
♆：海王星	♇：冥王星	
℞：逆行	D：順行	

◈月間占いのマーク

また、「毎月の星模様」には、6種類のマークを添えてあります。マークの個数は「強度・ハデさ・動きの振り幅の大きさ」などのイメージを表現しています。マークの示す意味合いは、以下の通りです。

マークが少ないと「運が悪い」ということではありません。言わば「追い風の風速計」のようなイメージで捉えて頂ければと思います。

★ 特別なこと、大事なこと、全般的なこと

情熱、エネルギー、闘い、挑戦にまつわること

家族、居場所、身近な人との関係にまつわること

経済的なこと、物質的なこと、ビジネスにおける利益

仕事、勉強、日々のタスク、忙しさなど

恋愛、好きなこと、楽しいこと、趣味など

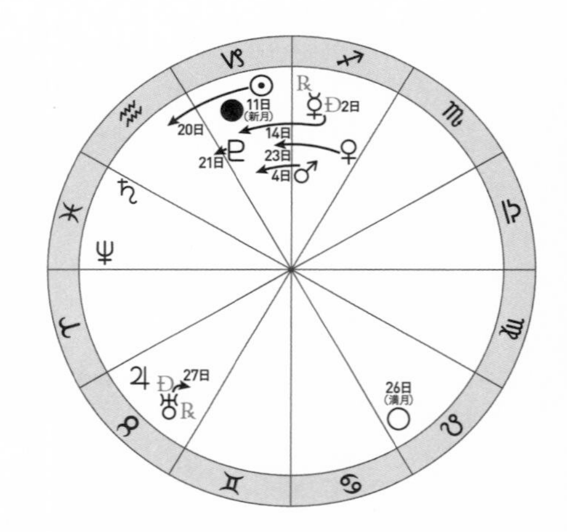

◈ひたむきな、水面下の闘い。

水面下で、密かな闘いを続けている人が多そうです。第三者からは見えないところで問題解決のために汗を流したり、少し先に来る大舞台のためにひたむきに準備を重ねたりしている人もいるでしょう。今は評価されなくとも、後できっとあなたの努力が実を結びます。自分の心に忠実にいたい時です。

◈あたたかな友情に守られる。

密かに闘うとはいえ、仲間や友達のサポートには恵まれる時期です。直接手伝ってもらうわけではなくとも、息抜きに誘ってもらえたり、差し入れが届けられたりと、明るい気持ちになれる場面はたくさんあるでしょう。「今ここを乗り切れば、きっとイイ展開になる！」という希望を信じられる時です。ただ、友達や仲間が持ってくる情報は多少あやふやなので、その情報を活用する前に、自分でしっかり「ウラ取り」を。

◈内なるエネルギーの高揚。 

お誕生月の始まりと同時に、2023年の初夏を彷彿とさせるような出来事が起こるかもしれません。「何か大切なことが始まった」という直観があれば、その直観は「正解」です。新しい情熱が胸に湧き起こったり、これまで迷っていたことに断固たる態度を取ろうと決心したりする人もいるでしょう。大きなエネルギーが、あなたの内側に衝き上がる時です。

♥爽やかな愛の季節。 

爽やかな追い風が吹く時です。カップルは一緒に外に出る機会が増えそうですし、愛を探している人は交友関係の中から、すうっと愛が芽生えそうです。あるいは、友達の紹介から愛のドラマがスタートする可能性も。約束は何度も確かめて。

1月 全体の星模様

12月半ばから射手座で逆行中の水星が2日、順行に戻ります。コミュニケーション上の問題、遠方とのやりとりや移動の問題が解決に向かうでしょう。とはいえ月の半ばまでは、流言飛語の危険も。火星は山羊座で力を増し、権力闘争が煽られます。21日、昨年3月以来二度目の冥王星水瓶座入り、時代の大きな節目に。ただし冥王星の水瓶座入り完了は11月20日、まだ中間地点です。

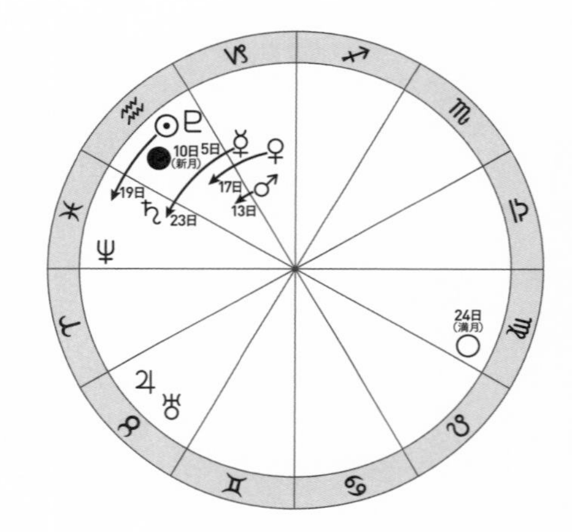

◈後半に燃え上がる情熱。

月の半ばまでは、気負うことなく、ゆるめに進みたい時です。物事を完全にコントロールしようとする意識は、この時期は裏目に出るかもしれません。「流れに任せる」ことで動きやすくなります。月の半ばを過ぎると、心の中に熱い情熱が湧き上がります。新たなチャレンジに向けて動き出せそうです。

◈経済的な「助け船」。

10日前後、特別なスタートのタイミングとなっています。特に、身近な人との関係において新展開が起こるかもしれません。これまで自分を縛っていたものから解放してもらえる、などのことも起こりそうです。24日前後は経済活動においてかなり有望なサポートを得られる気配があります。特に去年から経済面で不安や悩みを抱えていた人は、特別な「助け船」を出してもらえる可能性があります。経済的な問題の核となるものに、ダイレクトに手を差し伸べてもらえそうです。

♥内なる衝動が溢れ出す。

17日を境に、一気に愛の追い風が強まります。あなたという存在にスポットライトが当たったようになり、褒められたり誘われたり注目されたりと、なにかと嬉しいことが起こるでしょう。ただ、この時期に巡ってくるものは玉石混淆、望みとは違うと思えることもたくさん起こります。「こういう条件を満たさない相手は却下」といったふうに、頭ごなしに「判定」せず、まずは一人の人間として敬意を持って受け取ることで、新しい展開が見えてくるかもしれません。カップルも月の半ば以降、とても情熱的な時間を過ごせるでしょう。愛の行為を通して自分の内なる衝動が一気に表に溢れ出す、といった、少々意外な展開も起こりそうです。

2月 全体の星模様

火星は13日まで、金星は17日まで山羊座に滞在します。2022年の1月から3月頭に起こった出来事をなぞるような、あるいは明確にあの頃の「続き」と感じられるような出来事が起こるかもしれません。さらに月の半ばを過ぎて、社会的に非常にビビッドな転換点が訪れるでしょう。冥王星に火星、金星が重なり、人々の「集合的無意識」が表面化して大きな潮流が生じます。

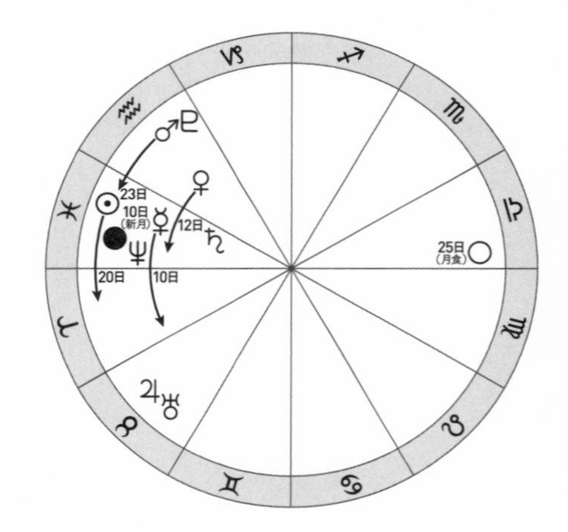

◈野心を燃やす時間。

燃えるような野心、野望を生きる時です。このところ着手したこと、志していることなどが、いい意味で「燃え始める」時なのです。ただ考えていただけのことが現実化していきますし、夢を叶えるために必ず通るべき「関門」が目の前に現れます。ガンガン勝負して、ラクラクと突破できます。

◈お金の悩みは、ほとんどが「妄想」。

経済活動においてこのところ、慢性的に不安を抱えている人が多そうです。3月上旬はその不安が強まったり、膨らんだりします。ただ、それはあくまで「不安」にすぎません。何か現実に困ったことが起こっているわけではなく、ただあれこれ嫌な

想像をしてしまっているだけなのではないでしょうか。であれば、その「嫌な想像」が、10日を境に静かに萎んでいきます。かわって12日以降は、現実的にどのように対処すれば良いかがわかり、自然に経済状態が好転していきます。月の半ば以降は物欲が嵩じます、予算はしっかり管理して。

◈遠くからやってくる「いいもの」。 ★

25日前後、遠くから素敵なものが届くかもしれません。あるいは、誰か素敵な人が訪ねてきてくれる気配も。

♥自分の意志が一番大事。

愛の世界でも情熱を燃やし、願いを生きることが大切です。「自分はこうしたいのだ」という強い思いを持つことで、道が開けます。特に月の前半は愛の追い風がぐんぐん吹き続けます。「恋をしたいけれど、何から手をつけていいかわからない」という人は、まずファッションとヘアスタイルを変えてみるのも一案です。「形から入る」愛もあります。

3月 全体の星模様

火星が冥王星と水瓶座に同座し、非常に鉄火な雰囲気が漂います。2023年頃から静かに燃え始めた野心が、最初のハッキリした「発火」を起こしそうです。月の上旬は水星が魚座に位置していて、コミュニケーション上の混乱が起こりやすいかもしれません。10日を境にその混乱がすうっと収まり、かわってとても優しい愛が満ちてきます。共感と信頼、救済の力を感じられます。

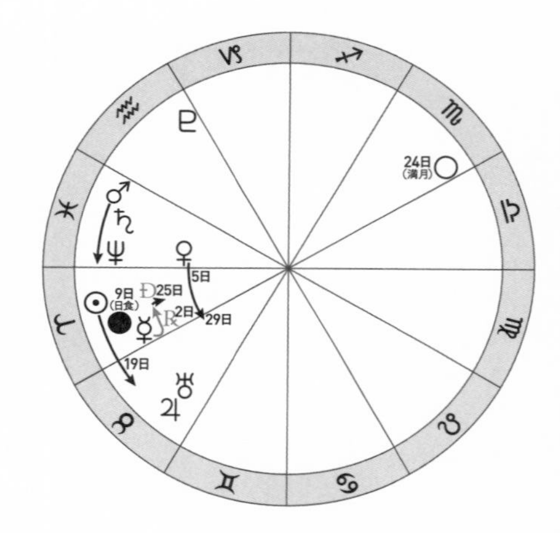

◈経済的不安に敢えて「挑む」時。

経済活動が盛り上がります。欲しかったものが手に入ったり、コツコツ続けてきたことが一気に花開き、実を結んだりするかもしれません。自分自身の手で価値あるものを生み出し、掴み取れる時です。特に、経済活動に不安を感じていた人ほど、この時期大胆な行動を起こすことになりそうです。

◈かつて歩んだ道を辿り直す。

知的活動に取り組んでいる人は「復習・見直し」に妙味があります。作ってきたノートを読み直したり、古い教科書を紐解いたりと、「知っているつもりのことを再度学ぶ」試みが、大いに力になります。また、かつて訪れた場所にもう一度行ってみる

と、意外な収穫があるかもしれません。

◈月の前半の、少し不思議な朗報。 ★★

9日前後、素敵なメッセージが飛び込んできそうです。意外なゴーサインを受け取れます。24日前後、仕事や対外的な活動で大成功を収められます。意外なブレイクを果たす人も。

♥行き違いは「膨らませない」こと。 ♥♥

爽やかな追い風が吹きます。基本的に、親密な時間を過ごせそうです。ただ、コミュニケーション上の混乱があったり、予定が変更になったりと、ちょっとした行き違いが起こりがちな時期でもあります。勘違いや誤解、早とちりなどがきっかけで関係がこじれるのは、もったいないことです。ミスには鷹揚に対応し、気持ちが高ぶったら少し時間を置くなど、小さなトラブルを大きく広げない工夫が功を奏します。愛を探している人は、母校の訪問など、懐かしい場所への「再訪」がきっかけとなるかもしれません。旧友に連絡を。

4月 全体の星模様

水星が牡羊座で逆行し、そこに金星が重なります。これは、混乱や緩みが感じられる配置です。年度替わりに「スタートダッシュ！」と意気込んでも、なぜかもたもた、ノロノロするかもしれません。先を急がずどっしり構えることがポイントです。魚座で土星と火星が同座し、ある種の手厳しさが強調されています。不安が反転して怒りが燃え上がるような、「逆ギレ」的展開も。

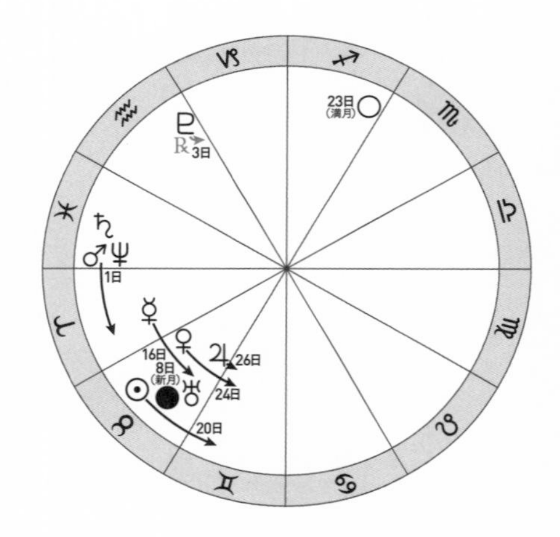

◈「居場所を作る」最終ステップ。

2023年半ばからの「居場所を作る」時間が、ここで最終段階に突入します。26日までに「居場所ができあがった！」と大満足できるようなシーンが、いくつもありそうです。家族や身近な人と楽しい時間を過ごせますし、「一人で生きていたけれど、突然家族ができた」といった展開もあり得ます。

◈身近な人との熱い対話。

熱いコミュニケーションの時間です。周囲の人々と言いたいことを徹底的に言い合い、誤解やすれ違いを解消できるでしょう。家族や身近な人との関係では、距離が近いからこその不思議な思い込みが生じやすいものです。そうした思い込みを根本的に

是正し、「ボタンの掛け違え」を修正することで、居心地の良い関係を立て直せます。

◈物理的に「動く」時。 ★

旅行に行く人が多そうです。また、日常的に外出の機会も増えるでしょう。仕事や交友関係においても、フットワーク良く動き回ることで、チャンスを掴みやすい時です。動いて。

♥下旬、「愛の1年」に入る。

20日から26日を境に、2025年6月上旬にかけて「愛の1年」に突入します。愛を探している人は、今月から来年半ばまでの中で、きっと愛を見つけられるでしょう。カップルも素晴らしい愛を生きられる時間となります。倦怠期気味だった人はフレッシュな愛の感情がよみがえるかもしれません。心に残るような愛情表現のやりとりを重ね、お互いの大切さを何度も確かめ合えるでしょう。子供を授かる人も少なくないだろうと思います。生活全体に愛が満ちる時間の幕開けです。

5月 全体の星模様

牡牛座に星々がぎゅっと集まり、2023年5月からの「牡牛座木星時間」の最終段階に素晴らしい彩りを添えます。約1年頑張ってきたことがここで、非常に華やかな形で「完成」しそうです。牡牛座は物質・お金の星座であり、社会的には経済や金融などの分野で大変化が起こる可能性があります。20日から26日にかけて星々は順次双子座へ移動し、新しい時間が幕を開けます。

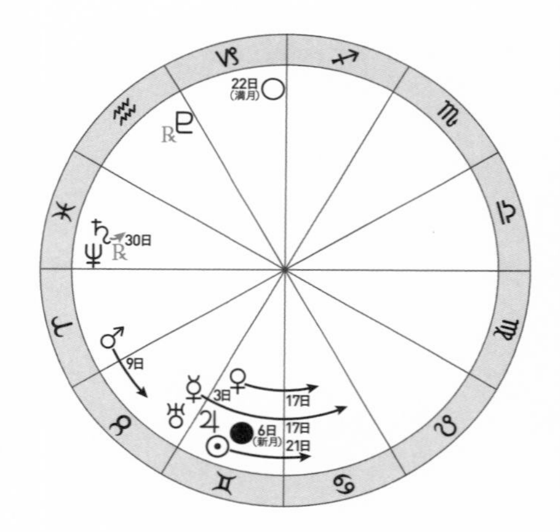

◈生活の中に、愛が溢れる。 

とても楽しい季節です。遊びや趣味、クリエイティブな活動などが一気に盛り上がり、夢中になれるでしょう。大恋愛をする人もいそうです。心から好きになれるものに出会い、生活が一変するかもしれません。たとえばペットを飼い始めるなど、生活の中に新しい「愛」が流れ込むような時です。

◈様々な「動き」を重ねて成長する。 

月の上旬までは、熱いコミュニケーションの時間が続いています。議論や口論など、ガンガンやりとりすることになるかもしれません。また、フットワークの季節でもあり、なにかと出歩く機会が多いでしょう。声を出し、足を運び、「動き」の中で自分の可能性を広げられる時です。

◈「居場所が動く」時。 🏠🏠🏠

月の中旬から7月中旬は「居場所が動く」時期です。家の中がバタバタしたり、家族や身内で「膿を出す」ような徹底的なやりとりができるかもしれません。5月末までの大きな変化について、ここからみんなで振り返るようなプロセスも。

♥最強の愛の季節。 ♥♥♥

愛の季節です。特に17日までは、最強の追い風が吹き続け、フリーの人もカップルも、素晴らしい愛のドラマを生きることになるでしょう。愛に背を向けてきた人、「自分は一人でいい」と諦念を抱いていた人も、このタイミングで考え方が一変するかもしれません。既にパートナーがいる人も、二人の時間がとてもあたたかく、熱く盛り上がります。普段照れ屋な人でも、この時期は不思議と素直に愛を言葉にできますし、愛情をストレートに受け取れるはずです。

6月 全体の星模様

双子座入りした木星に、水星、金星、太陽が寄り添い、ゆたかなコミュニケーションが発生しそうです。どの星もにぎやかでおしゃべりな傾向があり、あらゆる立場の人が一斉にしゃべり出すような、不思議なかしましさが感じられるでしょう。17日、水星と金星が揃って蟹座に抜けると、騒々しさは少し落ち着くかもしれません。全体に「流言飛語」「舌禍」に気をつけたい時間です。

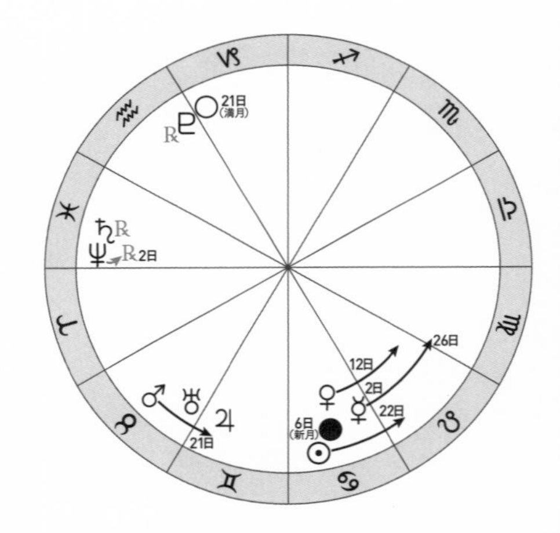

◈人に導かれて、いい経験ができる。 ♥♥♥

素敵な人間関係に恵まれます。魅力的な人、面白い人、年齢の離れた人、好きな人にどんどん会えます。公私ともに素敵な出会いがありそうですし、既に知り合っている人々とも、ぐっと関係を深めることができるでしょう。人から誘われ、導かれて、いい経験ができそうです。オープンマインドで。

◈突発的に「居場所」が動く。

月の上旬から中旬は「居場所が動く」時期です。家族や住処に関することで、突発的な変化が起こる気配があります。いきなり家族が増えたり、意外な展開で引っ越しすることになるなど、「想定外」の気配が濃厚です。突然の動きであっても、終わってみれば結果オーライで、結構うまくいきます。

◈創造的なブレイクスルーの季節へ。 ★★★

21日以降、好きなこと、やりたいことに全力投球できる時間に入ります。ここから9月頭にかけて、クリエイティブな活動において大チャンスを掴む人もいるはずです。才能を活かす機会に恵まれ、急成長を遂げられます。

♥明確な愛情表現の必要性。 

12日以降、どんどん追い風が強まります。既に5月末、約12年に一度の愛の上昇気流に包まれているのですが、そこにさらに星々のサポートが重なってゆくのです。フリーの人もカップルも、素晴らしい愛のドラマを生きることになるでしょう。21日以降は特に、自分から積極的にアクションを起こしたい時です。愛情表現があまり得意でない人も多い水瓶座の人々ですが、この時期は勇気を出して、ハッキリと思いを伝えることが重要です。

7月 全体の星模様

牡牛座の火星が天王星に重なり「爆発的」な雰囲気です。特に経済活動に関して、驚きの変化が起こりそうです。蓄積されてきたエネルギーに火がつく節目です。21日、火星は木星が待っている双子座に入ります。この21日は今年二度目の山羊座の満月で、水瓶座に移動完了しつつある冥王星と重なっていて、こちらも相当爆発的です。世の中がガラッと変わるような大ニュースも。

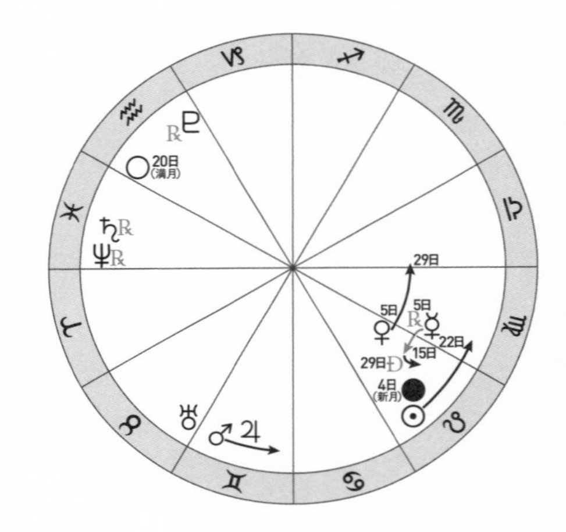

◈押すか引くかなら、押す。

人との「再会」や、不思議な邂逅がありそうです。人間関係全般に、想定外・予想外のことが起こりやすい時なのです。人との距離が普段とは違ったものになり、どのくらい近づいていいのか悩む、といった場面も。この時期は基本的に、押すか引くかで悩んだら、押してみたほうがフィットします。

◈創造性、才能が開花する。

好きなことにガンガン打ち込める、クリエイティブな時間です。創造的な活動に取り組んでいる人には、大チャンスが巡ってきます。才能を活かす場では、思い切って挑戦して。

◈公私ともに、大事な転換点。

4日前後、公私ともに素敵な出会いがあるかもしれません。また、20日前後には、かなり大事な転換点に立つことになる人がいるはずです。人生を変えるような、重要な決断も。

♥徹底的に「情熱を生きる」。

情熱の季節です。このところ「約12年に一度の愛の季節」に入っている水瓶座の人々ですが、この8月から9月頭は特に、燃えるような情熱を生きる時間となっています。愛を探している人は、少しアクションを起こすだけで確実に出会いを見つけられます。また、これまで恋愛がうまくいかなくて悩んでいた人は、その明確な理由に気づかされ、大きく方向転換することですぐに結果を出せるかもしれません。カップルはとにかく、率直で熱い愛情表現を。コミュニケーションが混乱しやすい時期なので、曖昧さは御法度です。また、相手のリアクションが想定外でも、形にこだわらないことも大事です。あくまで大事なのは「気持ち」です。

8月 全体の星模様

双子座に火星と木星が同座し、あらゆる意味で「熱い」時期となっています。荒ぶるエネルギーが爆発するようなイメージの配置で、普段抱えている不満や問題意識がはじけ飛んだようなアクションを起こせそうです。徹底的な交渉の上で要求を通せます。一方、5日から29日まで水星が乙女座ー獅子座にまたがって逆行します。金星も重なっていて、少々グダグダになる雰囲気も。

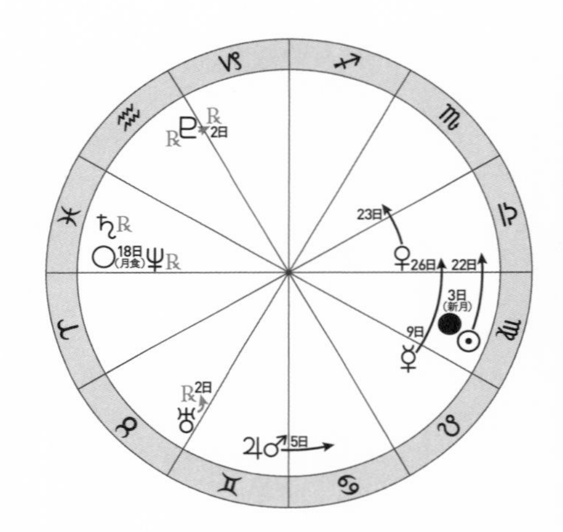

◈心を縛っていたものが外れる。 ★★

遠出が楽しい時です。少し遅めの夏休みを取って、素晴らしい旅行に出かける人もいるはずです。心の中に重石のようになっていたこと、いつのまにか心を縛っていた強いこだわりの鎖などが、この時期ふわりと消えていくかもしれません。囚われない心で視野を広げ、自由なスタンスを立て直せます。

◈熱い多忙期へ。

5日から11月頭にかけて、熱い多忙期に入ります。タスクが山積みになり、あちこちから出動要請が寄せられ、てんてこ舞いの状態になるかもしれません。このところ「やりたいこと」がたくさんある状態ですが、ここでは「やるべきこと」を優先せざるを得ず、ストレスを感じる場面も。誰かに愚痴を聞いてもらうと、意外なほど効果がありそうです。経済活動における問題のいくつかは、解消に向かいます。

◈働き方を変える。

働き方や生活のあり方に問題を抱えている人は、根本解決に取り組めます。特に「働き過ぎ」「合わない仕事によるストレス」の解決に向けて、転職活動をする人が多そうです。

♥「熱」が収まり、爽やかな追い風が。

7月末頃からの情熱の時間が、5日まで続きます。熱い愛を生きる喜びを感じられた一方で、恋愛における苛立ちや焦り、プレッシャーに疲れていた人もいたかもしれません。5日を過ぎるとそうしたヒリヒリする状況から一転し、爽やかな追い風を感じられます。愛する人と心を開いて自由に会話できるようになりますし、遠出を楽しむこともできそうです。愛を探している人は、旅先や学びの場にチャンスが。

9月 全体の星模様

双子座で木星と同座していた火星が蟹座に抜け、ヒートアップした雰囲気が一段落します。金星は既に天秤座に「帰宅」しており、水星も順行に戻って9日から乙女座入り、オウンサインです。水星も金星も自分の支配する星座で、その力がストレートに出やすいとされる配置になります。コミュニケーションやビジネス、交渉や人間関係全般が、軌道修正の流れに乗ります。

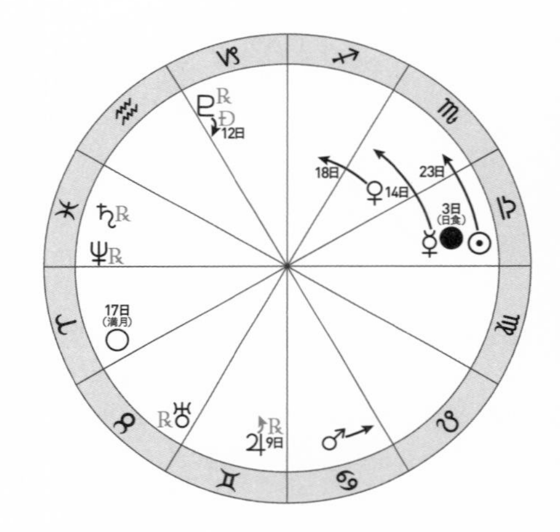

◈11月頭まで、ガンガン動く。

熱い多忙期です。あちこちからニーズが寄せられ、「引っ張りだこ」のような状態になります。人気が出たり、注目を浴びたりと、「主役」的な立場に立たされ、スケジュールがとにかく密になります。ワーカホリックで体調を崩しやすい時ですので、休みはしっかり取り、丁寧なセルフケアを心がけて。

◈「現状維持」から脱するきっかけ。

経済的な問題を抱えている人は、たとえば給与アップを求めて転職する、といった試みができそうです。慢性的に抱えている問題や不安に対し、かなり現実的な対策が打てる時です。ずっと愚痴を言いながら現状維持に終始してきた人も、ここでふと

「行動を起こそう」という気持ちになれるかもしれません。身近な人の助言がそのきっかけになる気配も。

◈特別なコミュニケーション。 ★

3日前後、遠くから朗報が飛び込んでくるかもしれません。この朗報をきっかけに、仕事や対外的な活動においてチャンスを掴む人もいそうです。17日前後にも、素晴らしいコミュニケーションが生まれます。ここで語ったことが新たな活躍の場を得るカギとなるかもしれません。思いを言葉にして。

♥広く人と関わる。 

18日以降、爽やかな追い風が吹きます。カップルは未来について語り合い、いい形でヴィジョンを共有できるでしょう。愛を探している人は、行動範囲を広げたい時です。月の下旬から11月前半にかけて、とにかく色々な人に会うことを心がけると、愛の芽が見つかりそうです。事前にスクリーニングしすぎないことが、チャンスを掴むコツです。

10月 全体の星模様

引き続き、火星が蟹座に位置し、金星は蠍座に入っています。太陽は天秤座で、これらの配置は全て「ちょっと変則的な面が出る」形とされています。エネルギーが暴走したり、タイミングがズレたりと、想定外の展開が多そうですが、そうしたはみ出る部分、過剰な部分がむしろ、物事の可能性を広げてくれます。3日は天秤座での日食、南米などで金環日食が見られます。

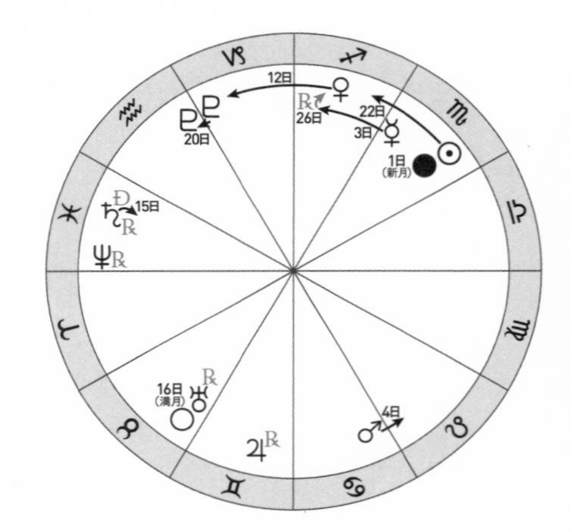

◈挑戦を「受けて立つ」時。

「熱」が流れ込んできます。あなたの内側に不思議な衝動が燃え上がり、新しい行動を起こすことになりそうです。普段どちらかと言えば受動的な人も、この時期は考える前に行動を起こしている自分に気づくかもしれません。あるいは、誰かに挑発されたり、煽られたりする形で「始動」する人も。

◈新しいバランスのための衝突。

人間関係に熱がこもります。ここから2025年半ばにかけて、タフな交渉に臨んだり、誰かと一対一で真剣勝負したりすることになるでしょう。平和主義者の多い水瓶座の人々ですが、ここでは粘り強く徹底的に闘って得るものがあります。決して自分

の望みを譲らず、主張を緩めないことが大事です。優等生的に振る舞おうとしたり、丸く収めることだけを考えたりすると、今はかえって危険なのです。ぶつかってゆくことで相手の熱量を受け取り、新しいバランスを生み出せます。16日前後、感情の爆発から新境地を切り開く人も。

♥愛の未来を、じっくり考える。 ★★

愛の未来を深く考えられる時です。自分の夢や将来のヴィジョンと、目の前の愛とをどのように整合させるか、相手と対話を重ねながら考えていけます。話すうちにお互いの前提の相違に気づき、不安がつのるような場面もあるかもしれませんが、そうしたズレに気づくことこそが、今一番大事なことなのだと思います。何度も角度を変えながら話し合う中で、二人で共有できる幸福のヴィジョンが徐々に形作られていきます。愛を探している人は、ここから年明けにかけて「旧交をあたためる」機会が増えます。懐かしい人々との関わりの中で、新しい愛の芽を見つけられそうです。

11月 全体の星模様

火星は4日から1月6日まで獅子座に滞在し、さらに逆行を経て2025年4月18日から6月17日まで長期滞在します。2025年半ばまでの中で、二段階にわたる「勝負」ができる時と言えます。射手座の水星と双子座の木星は、互いに支配星を交換するような「ミューチュアル・リセプション」の位置関係になります。錯綜するニュースがセンセーショナルに注目されそうです。

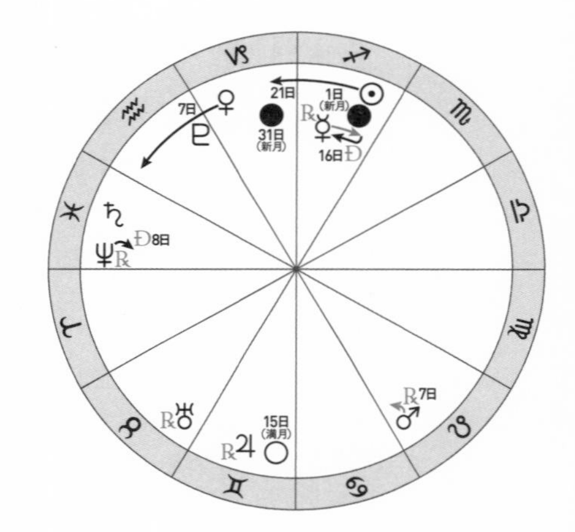

◈**愛があるからぶつかれる。** 

引き続き、熱っぽい時間です。特に人間関係に熱がこもります。ガンガンぶつかり合って得るものがあるでしょう。シビアに衝突しているつもりでも、その関わり全体が愛に包まれている感じもあります。好意や積極的な思いがあるからこそ、自ら真剣にぶつかれます。変に遠慮せず、勇気を出して。

◈**自分自身の望みのための時間。** 

楽しいことの多い時期です。褒められたり誘われたりと、嬉しい場面も多いでしょう。趣味や遊びに力がこもります。2024年後半は好きなこと、楽しみ、趣味のために力を注げる時ですが、この年末は特にその流れが強まります。他人の意向に流されることなく、自分自身の時間を持ちたいところです。少々ワガママなくらいでちょうどいい時間です。

◈昔の友達ともう一度、友達になる。 ★★

1日前後、公私ともに人間関係に新風が吹き込みそうです。新しい友達ができるかも。昔の親友と再度親交を結ぶ展開もあるかもしれません。15日前後、とても嬉しいことが。

♥愛のスポットライトが当たる。

7日から年明け3日まで、キラキラの愛の季節となっています。強い愛の光が射し込み、フリーの人もカップルも、素敵な進展があるでしょう。ただ、この時期は衝突や摩擦が起こりやすい傾向も。特に16日まではコミュニケーションが混乱する時間で、ケンカが複雑化しやすくなっています。ややこしい状態になったら少し時間を置き、クールダウンを。愛を探している人は、イメージチェンジが「効く」かもしれません。ファッションやヘアスタイルを刷新してみて。

12月 全体の星模様

水星は16日まで射手座で逆行します。「流言飛語による混乱」を感じさせる形です。コミュニケーションや交通機関にまつわる混乱が起こりやすいかもしれません。火のないところにウワサが立って大きくなる時なので「舌禍」に気をつけたいところです。水瓶座入りしたばかりの冥王星に、獅子座の火星が180度でアプライ（接近）します。欲望や戦意が荒ぶる高揚を見せそうです。

HOSHIORI

月と星で読む
水瓶座 366日のカレンダー

◈月の巡りで読む、12種類の日。

毎日の占いをする際、最も基本的な「時計の針」となるのが、月の動きです。「今日、月が何座にいるか」がわかれば、今日のあなたの生活の中で、どんなテーマにスポットライトが当たっているかがわかります（P.64からの「366日のカレンダー」に、毎日の月のテーマが書かれています。🌙マークは新月や満月など、✦マークは星の動きです）。

本書では、月の位置による「その日のテーマ」を、右の表のように表しています。

月は1ヵ月で12星座を一回りするので、一つの星座に2日半ほど滞在します。ゆえに、右の表の「〇〇の日」は、毎日変わるのではなく、2日半ほどで切り替わります。

月が星座から星座へと移動するタイミングが、切り替えの時間です。この「切り替えの時間」はボイドタイムの終了時間と同じです。

1\. **スタートの日**：物事が新しく始まる日。
「仕切り直し」ができる、フレッシュな雰囲気の日。

2\. **お金の日**：経済面・物質面で動きが起こりそうな日。
自分の手で何かを創り出せるかも。

3\. **メッセージの日**：素敵なコミュニケーションが生まれる。
外出、勉強、対話の日。待っていた返信が来る。

4\. **家の日**：身近な人や家族との関わりが豊かになる。
家事や掃除など、家の中のことをしたくなるかも。

5\. **愛の日**：恋愛他、愛全般に追い風が吹く日。
好きなことができる。自分の時間を作れる。

6\. **メンテナンスの日**：体調を整えるために休む人も。
調整や修理、整理整頓、実務などに力がこもる。

7\. **人に会う日**：文字通り「人に会う」日。
人間関係が活性化する。「提出」のような場面も。

8\. **プレゼントの日**：素敵なギフトを受け取れそう。
他人のアクションにリアクションするような日。

9\. **旅の日**：遠出することになるか、または、
遠くから人が訪ねてくるかも。専門的学び。

10\. **達成の日**：仕事や勉強など、頑張ってきたことについて、
何らかの結果が出るような日。到達。

11\. **友だちの日**：交友関係が広がる、賑やかな日。
目指している夢や目標に一歩近づけるかも。

12\. **ひみつの日**：自分一人の時間を持てる日。
自分自身としっかり対話できる。

◈太陽と月と星々が巡る「ハウス」のしくみ。

前ページの、月の動きによる日々のテーマは「ハウス」というしくみによって読み取れます。

「ハウス」は、「世俗のハウス」とも呼ばれる、人生や生活の様々なイベントを読み取る手法です。12星座の一つ一つを「部屋」に見立て、そこに星が出入りすることで、その時間に起こる出来事の意義やなりゆきを読み取ろうとするものです。

自分の星座が「第1ハウス」で、そこから反時計回りに12まで数字を入れてゆくと、ハウスの完成です。

第1ハウス:「自分」のハウス
第2ハウス:「生産」のハウス
第3ハウス:「コミュニケーション」のハウス
第4ハウス:「家」のハウス
第5ハウス:「愛」のハウス
第6ハウス:「任務」のハウス
第7ハウス:「他者」のハウス
第8ハウス:「ギフト」のハウス
第9ハウス:「旅」のハウス
第10ハウス:「目標と結果」のハウス
第11ハウス:「夢と友」のハウス
第12ハウス:「ひみつ」のハウス

例：水瓶座の人の場合

たとえば、今日の月が射手座に位置していたとすると、この日は「第11ハウスに月がある」ということになります。

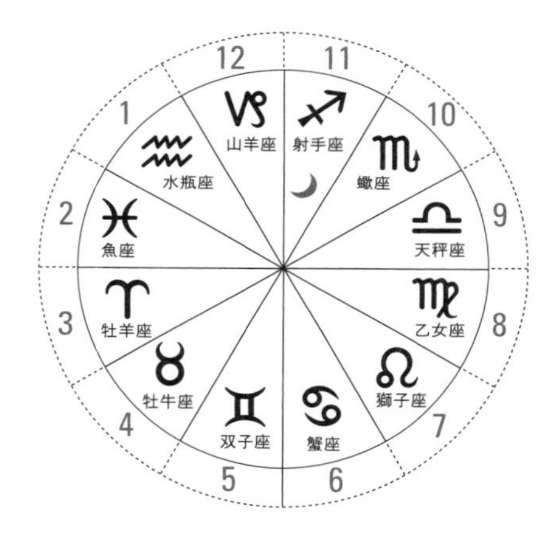

前々ページの「〇〇の日」の前に打ってある数字は、実はハウスを意味しています。「第11ハウスに月がある」日は、「11. 友だちの日」です。

太陽と月、水星から海王星までの惑星、そして準惑星の冥王星が、この12のハウスをそれぞれのスピードで移動していきます。「どの星がどのハウスにあるか」で、その時間のカラーやそのとき起こっていることの意味を、読み解くことができるのです。詳しくは『星読み+ 2022〜2032年データ改訂版』(幻冬舎コミックス刊)、または『月で読むあしたの星占い』(すみれ書房刊) でどうぞ!

1 •JANUARY•

1 月 プレゼントの日
人から貴重なものを受け取れる。提案を受ける場面も。

2 火 プレゼントの日
人から貴重なものを受け取れる。提案を受ける場面も。
◆水星が「夢と友」のハウスで順行へ。交友関係の正常化、ネットワーク拡大の動きが再開する。

3 水 プレゼントの日▶旅の日 ［ボイド］08:38〜09:48
遠い場所との間に、橋が架かり始める。

4 木 ◑旅の日
遠出したり、遠くから人が訪ねてくれたりする日。発信力も増す。
◆火星が「ひみつ」のハウスへ。内なる敵と闘って克服できる時間。自分の真の強さを知る。

5 金 旅の日▶達成の日 ［ボイド］20:42〜21:41
意欲が湧く。はっきりした成果が出る時間へ。

6 土 達成の日
目標に手が届く。結果が出る日。人から認められる場面も。

7 日 達成の日
目標に手が届く。結果が出る日。人から認められる場面も。

8 月 達成の日▶友だちの日 ［ボイド］05:24〜06:10
肩の力が抜け、伸びやかな気持ちになれる。

9 火 友だちの日
未来のプランを立てる。友だちと過ごせる。チームワーク。

10 水 友だちの日▶ひみつの日 ［ボイド］03:26〜10:35
ざわめきから少し離れたくなる。自分の時間。

11 木 ●ひみつの日
一人の時間。過去を振り返り、戦略を練る。自分を大事にする。
☽「ひみつ」のハウスで新月。密かな迷いから解放される。自他を救うための行動を起こす。

12 金 ひみつの日▶スタートの日 ［ボイド］11:35〜12:03
新しいことを始めやすい時間に切り替わる。

13 土 スタートの日 ［ボイド］19:00〜
主役の意識で動く。新しい選択肢を選べる。気持ちが切り替わる。

14 日 スタートの日▶お金の日 ［ボイド］〜12:31
物質面・経済活動が活性化する時間に入る。
◆水星が「ひみつ」のハウスへ。思考が深まる。思索、瞑想、誰かのための勉強。記録の精査。

15 月 お金の日
いわゆる「金運がいい」日。実入りが良く、いい買い物もできそう。

16 火 お金の日▶メッセージの日 ［ボイド］13:34〜13:50
「動き」が出てくる。コミュニケーションの活性。

17 水 メッセージの日
待っていた朗報が届く。勉強が捗る。外に出たくなる日。

18 木 ◐メッセージの日▶家の日 ［ボイド］17:04〜17:14
生活環境や身内に目が向かう。原点回帰。

19 金 家の日
「普段の生活」が充実。身内との関係強化。環境改善ができる。

20 土 家の日▶愛の日 ［ボイド］22:59〜23:00
愛の追い風が吹く。好きなことができる。
◆太陽が「自分」のハウスへ。お誕生月の始まり、新しい１年への「扉」を開くとき。

21 日 愛の日
愛について嬉しいことがある。子育て、趣味、創作にも追い風が。
◆冥王星が「自分」のハウスへ。ここから2043年頃にかけ、生まれ変わるような経験ができる。

22 月 愛の日
愛について嬉しいことがある。子育て、趣味、創作にも追い風が。

23 火 愛の日▶メンテナンスの日 ［ボイド］05:42〜06:52
「やりたいこと」から「やるべきこと」へのシフト。
◆金星が「ひみつ」のハウスへ。これ以降、純粋な愛情から行動できる。一人の時間の充実も。

24 水 メンテナンスの日
生活や心身の故障部分を修理できる。ケアしたり、されたり。

25 木 メンテナンスの日▶人に会う日 ［ボイド］08:00〜16:38
「自分の世界」から「外界」へ出るような節目。

26 金 ○人に会う日
人に会ったり、会う約束をしたりする日。出会いの気配も。
☽「他者」のハウスで満月。誰かとの一対一の関係が「満ちる」。交渉の成立、契約。

27 土 人に会う日 ［ボイド］06:21〜
人に会ったり、会う約束をしたりする日。出会いの気配も。
◆天王星が「家」のハウスで順行へ。居場所の再構築の作業を開始する。ドアや窓を開ける。

28 日 人に会う日▶プレゼントの日 ［ボイド］〜04:13
他者との関係に、さらに一歩踏み込めるように。

29 月 プレゼントの日
人から貴重なものを受け取れる。提案を受ける場面も。

30 火 プレゼントの日▶旅の日 ［ボイド］08:22〜17:06
遠い場所との間に、橋が架かり始める。

31 水 旅の日
遠出したり、遠くから人が訪ねてくれたりする日。発信力も増す。

2 ・FEBRUARY・

1 木
旅の日　［ボイド］18:05～
遠出したり、遠くから人が訪ねてくれたりする日。発信力も増す。

2 金
旅の日▶達成の日　［ボイド］～05:39
意欲が湧く。はっきりした成果が出る時間へ。

3 土
◐達成の日
目標に手が届く。結果が出る日。人から認められる場面も。

4 日
達成の日▶友だちの日　［ボイド］12:26～15:30
肩の力が抜け、伸びやかな気持ちになれる。

5 月
友だちの日
未来のプランを立てる。友だちと過ごせる。チームワーク。
✦水星が「自分」のハウスへ。知的活動が活性化。若々しい気持ち、行動力。発言力の強化。

6 火
友だちの日▶ひみつの日　［ボイド］14:08～21:10
ざわめきから少し離れたくなる。自分の時間。

7 水
ひみつの日
一人の時間。過去を振り返り、戦略を練る。自分を大事にする。

8 木
ひみつの日▶スタートの日　［ボイド］16:54～23:01
新しいことを始めやすい時間に切り替わる。

9 金
スタートの日
主役の意識で動く。新しい選択肢を選べる。気持ちが切り替わる。

10 土
●スタートの日▶お金の日　［ボイド］08:01～22:44
物質面・経済活動が活性化する時間に入る。
☽「自分」のハウスで新月。大切なことがスタートする節目。フレッシュな「切り替え」。

11 日
お金の日
いわゆる「金運がいい」日。実入りが良く、いい買い物もできそう。

12 月
お金の日▶メッセージの日　［ボイド］21:33～22:27
「動き」が出てくる。コミュニケーションの活性。

13 火
メッセージの日
待っていた朗報が届く。勉強が捗る。外に出たくなる日。
✦火星が「自分」のハウスへ。熱い自己変革の季節へ。勝負、挑戦。自分から動きたくなる。

14 水
メッセージの日　［ボイド］19:22～
待っていた朗報が届く。勉強が捗る。外に出たくなる日。

15 木
メッセージの日▶家の日　［ボイド］～00:04
生活環境や身内に目が向かう。原点回帰。

16 金
家の日
「普段の生活」が充実。身内との関係強化。環境改善ができる。

17	土	◐家の日 ▶ 愛の日　[ボイド] 00:02〜04:41 愛の追い風が吹く。好きなことができる。 ◆金星が「自分」のハウスに。あなたの魅力が輝く季節の到来。愛に恵まれる楽しい日々へ。
18	日	愛の日 愛について嬉しいことがある。子育て、趣味、創作にも追い風が。
19	月	愛の日 ▶ メンテナンスの日　[ボイド] 12:22〜12:26 「やりたいこと」から「やるべきこと」へのシフト。 ◆太陽が「生産」のハウスへ。1年のサイクルの中で「物質的・経済的土台」を整備する。
20	火	メンテナンスの日 生活や心身の故障部分を修理できる。ケアしたり、されたり。
21	水	メンテナンスの日 ▶ 人に会う日　[ボイド] 15:39〜22:42 「自分の世界」から「外界」へ出るような節目。
22	木	人に会う日 人に会ったり、会う約束をしたりする日。出会いの気配も。
23	金	人に会う日　[ボイド] 13:19〜 人に会ったり、会う約束をしたりする日。出会いの気配も。 ◆水星が「生産」のハウスへ。経済活動に知性を活かす。情報収集、経営戦略。在庫整理。
24	土	○人に会う日 ▶ プレゼントの日　[ボイド] 〜10:39 他者との関係に、さらに一歩踏み込めるように。 ☽「ギフト」のハウスで満月。人から「満を持して」手渡されるものがある。他者との融合。
25	日	プレゼントの日 人から貴重なものを受け取れる。提案を受ける場面も。
26	月	プレゼントの日 ▶ 旅の日　[ボイド] 16:37〜23:31 遠い場所との間に、橋が架かり始める。
27	火	旅の日 遠出したり、遠くから人が訪ねてくれたりする日。発信力も増す。
28	水	旅の日　[ボイド] 03:23〜 遠出したり、遠くから人が訪ねてくれたりする日。発信力も増す。
29	木	旅の日 ▶ 達成の日　[ボイド] 〜12:11 意欲が湧く。はっきりした成果が出る時間へ。

3 •MARCH•

1	金	達成の日 目標に手が届く。結果が出る日。人から認められる場面も。
2	土	達成の日▶友だちの日　［ボイド］16:49〜22:58 肩の力が抜け、伸びやかな気持ちになれる。
3	日	友だちの日 未来のプランを立てる。友だちと過ごせる。チームワーク。
4	月	◑友だちの日 未来のプランを立てる。友だちと過ごせる。チームワーク。
5	火	友だちの日▶ひみつの日　［ボイド］00:42〜06:17 ざわめきから少し離れたくなる。自分の時間。
6	水	ひみつの日 一人の時間。過去を振り返り、戦略を練る。自分を大事にする。
7	木	ひみつの日▶スタートの日　［ボイド］04:37〜09:40 新しいことを始めやすい時間に切り替わる。
8	金	スタートの日 主役の意識で動く。新しい選択肢を選べる。気持ちが切り替わる。
9	土	スタートの日▶お金の日　［ボイド］03:57〜10:05 物質面・経済活動が活性化する時間に入る。
10	日	●お金の日 いわゆる「金運がいい」日。実入りが良く、いい買い物もできそう。 ✦水星が「コミュニケーション」のハウスへ。知的活動の活性化、コミュニケーションの進展。学習の好機。☽「生産」のハウスで新月。新しい経済活動をスタートさせる。新しいものを手に入れる。
11	月	お金の日▶メッセージの日　［ボイド］04:47〜09:21 「動き」が出てくる。コミュニケーションの活性。
12	火	メッセージの日　［ボイド］20:10〜 待っていた朗報が届く。勉強が捗る。外に出たくなる日。 ✦金星が「生産」のハウスへ。経済活動の活性化、上昇気流。物質的豊かさの開花。
13	水	メッセージの日▶家の日　［ボイド］〜09:30 生活環境や身内に目が向かう。原点回帰。
14	木	家の日 「普段の生活」が充実。身内との関係強化。環境改善ができる。
15	金	家の日▶愛の日　［ボイド］07:31〜12:17 愛の追い風が吹く。好きなことができる。
16	土	愛の日 愛について嬉しいことがある。子育て、趣味、創作にも追い風が。
17	日	◐愛の日▶メンテナンスの日　［ボイド］13:45〜18:42 「やりたいこと」から「やるべきこと」へのシフト。

18 月
メンテナンスの日
生活や心身の故障部分を修理できる。ケアしたり、されたり。

19 火
メンテナンスの日
生活や心身の故障部分を修理できる。ケアしたり、されたり。

20 水
メンテナンスの日 ▶ 人に会う日　[ボイド] 03:54〜04:34
「自分の世界」から「外界」へ出るような節目。
◆太陽が「コミュニケーション」のハウスへ。1年のサイクルの中でコミュニケーションを繋ぎ直すとき。

21 木
人に会う日
人に会ったり、会う約束をしたりする日。出会いの気配も。

22 金
人に会う日 ▶ プレゼントの日　[ボイド] 15:36〜16:43
他者との関係に、さらに一歩踏み込めるように。

23 土
プレゼントの日
人から貴重なものを受け取れる。提案を受ける場面も。
◆火星が「生産」のハウスへ。ほてりが収まって地に足がつく。経済的な「勝負」も。

24 日
プレゼントの日
人から貴重なものを受け取れる。提案を受ける場面も。

25 月
◯プレゼントの日 ▶ 旅の日　[ボイド] 00:51〜05:39
遠い場所との間に、橋が架かり始める。
☽「旅」のハウスで月食。遠い場所に不思議な形で「ワープ」出来るようなとき。思想の再生。

26 火
旅の日
遠出したり、遠くから人が訪ねてくれたりする日。発信力も増す。

27 水
旅の日 ▶ 達成の日　[ボイド] 08:11〜18:04
意欲が湧く。はっきりした成果が出る時間へ。

28 木
達成の日
目標に手が届く。結果が出る日。人から認められる場面も。

29 金
達成の日
目標に手が届く。結果が出る日。人から認められる場面も。

30 土
達成の日 ▶ 友だちの日　[ボイド] 00:41〜04:53
肩の力が抜け、伸びやかな気持ちになれる。

31 日
友だちの日
未来のプランを立てる。友だちと過ごせる。チームワーク。

4 •APRIL•

1	月	友だちの日 ▶ ひみつの日　［ボイド］09:18〜13:07 ざわめきから少し離れたくなる。自分の時間。
2	火	◑ひみつの日 一人の時間。過去を振り返り、戦略を練る。自分を大事にする。 ◆水星が「コミュニケーション」のハウスで逆行開始。過去に遡るコミュニケーション。対話の積み重ね。
3	水	ひみつの日 ▶ スタートの日　［ボイド］14:42〜18:09 新しいことを始めやすい時間に切り替わる。
4	木	スタートの日 主役の意識で動く。新しい選択肢を選べる。気持ちが切り替わる。
5	金	スタートの日 ▶ お金の日　［ボイド］14:41〜20:14 物質面・経済活動が活性化する時間に入る。 ◆金星が「コミュニケーション」のハウスへ。喜びある学び、対話、外出。言葉による優しさ、愛の伝達。
6	土	お金の日 いわゆる「金運がいい」日。実入りが良く、いい買い物もできそう。
7	日	お金の日 ▶ メッセージの日　［ボイド］17:29〜20:26 「動き」が出てくる。コミュニケーションの活性。
8	月	メッセージの日 待っていた朗報が届く。勉強が捗る。外に出たくなる日。
9	火	●メッセージの日 ▶ 家の日　［ボイド］11:40〜20:25 生活環境や身内に目が向かう。原点回帰。 ☽「コミュニケーション」のハウスで日食。不思議な形で新しいコミュニケーションが始まる。勉強開始。
10	水	家の日 「普段の生活」が充実。身内との関係強化。環境改善ができる。
11	木	家の日 ▶ 愛の日　［ボイド］19:06〜22:00 愛の追い風が吹く。好きなことができる。
12	金	愛の日 愛について嬉しいことがある。子育て、趣味、創作にも追い風が。
13	土	愛の日　［ボイド］23:48〜 愛について嬉しいことがある。子育て、趣味、創作にも追い風が。
14	日	愛の日 ▶ メンテナンスの日　［ボイド］〜02:47 「やりたいこと」から「やるべきこと」へのシフト。
15	月	メンテナンスの日 生活や心身の故障部分を修理できる。ケアしたり、されたり。
16	火	◐メンテナンスの日 ▶ 人に会う日　［ボイド］08:24〜11:26 「自分の世界」から「外界」へ出るような節目。

17 水 人に会う日
人に会ったり、会う約束をしたりする日。出会いの気配も。

18 木 人に会う日 ▶ プレゼントの日 [ボイド] 21:04〜23:12
他者との関係に、さらに一歩踏み込めるように。

19 金 プレゼントの日
人から貴重なものを受け取れる。提案を受ける場面も。
◆太陽が「家」のハウスへ。1年のサイクルの中で「居場所・家・心」を整備し直すとき。

20 土 プレゼントの日
人から貴重なものを受け取れる。提案を受ける場面も。

21 日 プレゼントの日 ▶ 旅の日 [ボイド] 09:21〜12:10
遠い場所との間に、橋が架かり始める。

22 月 旅の日
遠出したり、遠くから人が訪ねてくれたりする日。発信力も増す。

23 火 旅の日 [ボイド] 08:26〜
遠出したり、遠くから人が訪ねてくれたりする日。発信力も増す。

24 水 ○旅の日 ▶ 達成の日 [ボイド] 〜00:21
意欲が湧く。はっきりした成果が出る時間へ。
☽「目標と結果」のハウスで満月。目標達成のとき。社会的立場が一段階上がるような節目。

25 木 達成の日
目標に手が届く。結果が出る日。人から認められる場面も。
◆水星が「コミュニケーション」のハウスで順行へ。コミュニケーションや勉強に関し、リズムが整っていく。

26 金 達成の日 ▶ 友だちの日 [ボイド] 08:18〜10:39
肩の力が抜け、伸びやかな気持ちになれる。

27 土 友だちの日
未来のプランを立てる。友だちと過ごせる。チームワーク。

28 日 友だちの日 ▶ ひみつの日 [ボイド] 16:33〜18:39
ざわめきから少し離れたくなる。自分の時間。

29 月 ひみつの日
一人の時間。過去を振り返り、戦略を練る。自分を大事にする。
◆金星が「家」のハウスへ。身近な人とのあたたかな交流。愛着。居場所を美しくする。

30 火 ひみつの日
一人の時間。過去を振り返り、戦略を練る。自分を大事にする。

5 •MAY•

1	水	◑ひみつの日 ▶ スタートの日　[ボイド] 00:20〜00:21 新しいことを始めやすい時間に切り替わる。 ✦火星が「コミュニケーション」のハウスに。熱いコミュニケーション、議論。向学心。外に出て動く日々へ。
2	木	スタートの日　[ボイド] 18:30〜 主役の意識で動く。新しい選択肢を選べる。気持ちが切り替わる。
3	金	スタートの日 ▶ お金の日　[ボイド] 〜03:53 物質面・経済活動が活性化する時間に入る。 ✦冥王星が「自分」のハウスで逆行開始。下へ掘り下げる坑道を横に展開する。野心の熟成。
4	土	お金の日 いわゆる「金運がいい」日。実入りが良く、いい買い物もできそう。
5	日	お金の日 ▶ メッセージの日　[ボイド] 04:08〜05:42 「動き」が出てくる。コミュニケーションの活性。
6	月	メッセージの日　[ボイド] 14:59〜 待っていた朗報が届く。勉強が捗る。外に出たくなる日。
7	火	メッセージの日 ▶ 家の日　[ボイド] 〜06:44 生活環境や身内に目が向かう。原点回帰。
8	水	●家の日 「普段の生活」が充実。身内との関係強化。環境改善ができる。 ☽「家」のハウスで新月。心の置き場所が新たに定まる。日常に新しい風が吹き込む。
9	木	家の日 ▶ 愛の日　[ボイド] 06:57〜08:22 愛の追い風が吹く。好きなことができる。
10	金	愛の日 愛について嬉しいことがある。子育て、趣味、創作にも追い風が。
11	土	愛の日 ▶ メンテナンスの日　[ボイド] 10:51〜12:15 「やりたいこと」から「やるべきこと」へのシフト。
12	日	メンテナンスの日 生活や心身の故障部分を修理できる。ケアしたり、されたり。
13	月	メンテナンスの日 ▶ 人に会う日　[ボイド] 18:14〜19:38 「自分の世界」から「外界」へ出るような節目。
14	火	人に会う日 人に会ったり、会う約束をしたりする日。出会いの気配も。
15	水	◐人に会う日 人に会ったり、会う約束をしたりする日。出会いの気配も。
16	木	人に会う日 ▶ プレゼントの日　[ボイド] 01:42〜06:34 他者との関係に、さらに一歩踏み込めるように。 ✦水星が「家」のハウスへ。来訪者。身近な人との対話。若々しい風が居場所に吹き込む。

17 金 プレゼントの日
人から貴重なものを受け取れる。提案を受ける場面も。

18 土 プレゼントの日▶旅の日 ［ボイド］18:10〜19:24
遠い場所との間に、橋が架かり始める。

19 日 旅の日
遠出したり、遠くから人が訪ねてくれたりする日。発信力も増す。

20 月 旅の日 ［ボイド］00:50〜
遠出したり、遠くから人が訪ねてくれたりする日。発信力も増す。
◆太陽が「愛」のハウスへ。1年のサイクルの中で「愛・喜び・創造性」を再生するとき。

21 火 旅の日▶達成の日 ［ボイド］〜07:36
意欲が湧く。はっきりした成果が出る時間へ。

22 水 達成の日
目標に手が届く。結果が出る日。人から認められる場面も。

23 木 ○達成の日▶友だちの日 ［ボイド］16:30〜17:26
肩の力が抜け、伸びやかな気持ちになれる。
☽「夢と友」のハウスで満月。希望してきた条件が整う。友や仲間への働きかけが「実る」。

24 金 友だちの日
未来のプランを立てる。友だちと過ごせる。チームワーク。
◆金星が「愛」のハウスへ。華やかな愛の季節の始まり。創造的活動への強い追い風。

25 土 友だちの日 ［ボイド］23:49〜
未来のプランを立てる。友だちと過ごせる。チームワーク。

26 日 友だちの日▶ひみつの日 ［ボイド］〜00:37
ざわめきから少し離れたくなる。自分の時間。
◆木星が「愛」のハウスへ。「愛・創造・喜び・子ども」などがここから1年のテーマに。

27 月 ひみつの日
一人の時間。過去を振り返り、戦略を練る。自分を大事にする。

28 火 ひみつの日▶スタートの日 ［ボイド］05:04〜05:46
新しいことを始めやすい時間に切り替わる。

29 水 スタートの日 ［ボイド］23:22〜
主役の意識で動く。新しい選択肢を選べる。気持ちが切り替わる。

30 木 スタートの日▶お金の日 ［ボイド］〜09:34
物質面・経済活動が活性化する時間に入る。

31 金 ◑お金の日
いわゆる「金運がいい」日。実入りが良く、いい買い物もできそう。

6 •JUNE•

1	土	お金の日 ▶ メッセージの日　［ボイド］11:56〜12:30 「動き」が出てくる。コミュニケーションの活性。
2	日	メッセージの日 待っていた朗報が届く。勉強が捗る。外に出たくなる日。
3	月	メッセージの日 ▶ 家の日　［ボイド］07:05〜14:57 生活環境や身内に目が向かう。原点回帰。 ✦水星が「愛」のハウスへ。愛に関する学び、教育。若々しい創造性、遊び。知的創造。
4	火	家の日 「普段の生活」が充実。身内との関係強化。環境改善ができる。
5	水	家の日 ▶ 愛の日　［ボイド］17:11〜17:38 愛の追い風が吹く。好きなことができる。
6	木	●愛の日 愛について嬉しいことがある。子育て、趣味、創作にも追い風が。 ☽「愛」のハウスで新月。愛が「生まれる」ようなタイミング。大切なものと結びつく。
7	金	愛の日 ▶ メンテナンスの日　［ボイド］21:17〜21:43 「やりたいこと」から「やるべきこと」へのシフト。
8	土	メンテナンスの日 生活や心身の故障部分を修理できる。ケアしたり、されたり。
9	日	メンテナンスの日 生活や心身の故障部分を修理できる。ケアしたり、されたり。 ✦火星が「家」のハウスへ。居場所を「動かす」時期。環境変化、引越、家族との取り組み。
10	月	メンテナンスの日 ▶ 人に会う日　［ボイド］04:07〜04:30 「自分の世界」から「外界」へ出るような節目。
11	火	人に会う日 人に会ったり、会う約束をしたりする日。出会いの気配も。
12	水	人に会う日 ▶ プレゼントの日　［ボイド］04:18〜14:40 他者との関係に、さらに一歩踏み込めるように。
13	木	プレゼントの日 人から貴重なものを受け取れる。提案を受ける場面も。
14	金	◐プレゼントの日 人から貴重なものを受け取れる。提案を受ける場面も。
15	土	プレゼントの日 ▶ 旅の日　［ボイド］02:55〜03:14 遠い場所との間に、橋が架かり始める。
16	日	旅の日 遠出したり、遠くから人が訪ねてくれたりする日。発信力も増す。

17 月
旅の日 ▶ 達成の日　［ボイド］15:06〜15:40
意欲が湧く。はっきりした成果が出る時間へ。
◆金星が「任務」のハウスへ。美しい生活スタイルの実現。美のための習慣。楽しい仕事。◆水星が「任務」のハウスへ。日常生活の整理、整備。健康チェック。心身の調律。

18 火
達成の日
目標に手が届く。結果が出る日。人から認められる場面も。

19 水
達成の日
目標に手が届く。結果が出る日。人から認められる場面も。

20 木
達成の日 ▶ 友だちの日　［ボイド］01:21〜01:33
肩の力が抜け、伸びやかな気持ちになれる。

21 金
友だちの日
未来のプランを立てる。友だちと過ごせる。チームワーク。
◆太陽が「任務」のハウスへ。1年のサイクルの中で「健康・任務・日常」を再構築するとき。

22 土
○友だちの日 ▶ ひみつの日　［ボイド］08:00〜08:10
ざわめきから少し離れたくなる。自分の時間。
☽「ひみつ」のハウスで満月。時間をかけて治療してきた傷が癒える。自他を赦し赦される。

23 日
ひみつの日
一人の時間。過去を振り返り、戦略を練る。自分を大事にする。

24 月
ひみつの日 ▶ スタートの日　［ボイド］12:07〜12:16
新しいことを始めやすい時間に切り替わる。

25 火
スタートの日
主役の意識で動く。新しい選択肢を選べる。気持ちが切り替わる。

26 水
スタートの日 ▶ お金の日　［ボイド］07:31〜15:09
物質面・経済活動が活性化する時間に入る。

27 木
お金の日
いわゆる「金運がいい」日。実入りが良く、いい買い物もできそう。

28 金
お金の日 ▶ メッセージの日　［ボイド］17:46〜17:54
「動き」が出てくる。コミュニケーションの活性。

29 土
◑メッセージの日
待っていた朗報が届く。勉強が捗る。外に出たくなる日。

30 日
メッセージの日 ▶ 家の日　［ボイド］13:58〜21:02
生活環境や身内に目が向かう。原点回帰。
◆土星が「生産」のハウスで逆行開始。経済面での「建設作業」の手を少し休める。

7 •JULY•

1	月	家の日 「普段の生活」が充実。身内との関係強化。環境改善ができる。
2	火	家の日 「普段の生活」が充実。身内との関係強化。環境改善ができる。 ✦海王星が「生産」のハウスで逆行開始。経済面での不安の「正体」を探す旅へ。心の表裏。✦水星が「他者」のハウスへ。正面から向き合う対話。調整のための交渉。若い人との出会い。
3	水	家の日 ▶ 愛の日　［ボイド］00:45〜00:52 愛の追い風が吹く。好きなことができる。
4	木	愛の日 愛について嬉しいことがある。子育て、趣味、創作にも追い風が。
5	金	愛の日 ▶ メンテナンスの日　［ボイド］05:45〜05:53 「やりたいこと」から「やるべきこと」へのシフト。
6	土	●メンテナンスの日 生活や心身の故障部分を修理できる。ケアしたり、されたり。 ☽「任務」のハウスで新月。新しい生活習慣、新しい任務がスタートするとき。体調の調整。
7	日	メンテナンスの日 ▶ 人に会う日　［ボイド］12:49〜12:57 「自分の世界」から「外界」へ出るような節目。
8	月	人に会う日 人に会ったり、会う約束をしたりする日。出会いの気配も。
9	火	人に会う日 ▶ プレゼントの日　［ボイド］15:05〜22:49 他者との関係に、さらに一歩踏み込めるように。
10	水	プレゼントの日 人から貴重なものを受け取れる。提案を受ける場面も。
11	木	プレゼントの日 人から貴重なものを受け取れる。提案を受ける場面も。
12	金	プレゼントの日 ▶ 旅の日　［ボイド］10:57〜11:08 遠い場所との間に、橋が架かり始める。 ✦金星が「他者」のハウスへ。人間関係から得られる喜び。愛あるパートナーシップ。
13	土	旅の日 遠出したり、遠くから人が訪ねてくれたりする日。発信力も増す。
14	日	◐旅の日 ▶ 達成の日　［ボイド］07:50〜23:54 意欲が湧く。はっきりした成果が出る時間へ。
15	月	達成の日 目標に手が届く。結果が出る日。人から認められる場面も。
16	火	達成の日 目標に手が届く。結果が出る日。人から認められる場面も。

17	水	達成の日 ▶ 友だちの日　[ボイド] 10:12〜10:26 肩の力が抜け、伸びやかな気持ちになれる。
18	木	友だちの日 未来のプランを立てる。友だちと過ごせる。チームワーク。
19	金	友だちの日 ▶ ひみつの日　[ボイド] 17:00〜17:15 ざわめきから少し離れたくなる。自分の時間。
20	土	ひみつの日 一人の時間。過去を振り返り、戦略を練る。自分を大事にする。
21	日	○ひみつの日 ▶ スタートの日　[ボイド] 20:28〜20:45 新しいことを始めやすい時間に切り替わる。 ◆火星が「愛」のハウスへ。情熱的な愛、積極的自己表現。愛と理想のための戦い。☽「ひみつ」のハウスで満月。時間をかけて治療してきた傷が癒える。自他を赦し赦される。
22	月	スタートの日 主役の意識で動く。新しい選択肢を選べる。気持ちが切り替わる。 ◆太陽が「他者」のハウスへ。1年のサイクルの中で人間関係を「結び直す」とき。
23	火	スタートの日 ▶ お金の日　[ボイド] 19:00〜22:25 物質面・経済活動が活性化する時間に入る。
24	水	お金の日 いわゆる「金運がいい」日。実入りが良く、いい買い物もできそう。
25	木	お金の日 ▶ メッセージの日　[ボイド] 23:33〜23:54 「動き」が出てくる。コミュニケーションの活性。
26	金	メッセージの日 待っていた朗報が届く。勉強が捗る。外に出たくなる日。 ◆水星が「ギフト」のハウスへ。利害のマネジメント。コンサルテーション。カウンセリング。
27	土	メッセージの日　[ボイド] 07:16〜 待っていた朗報が届く。勉強が捗る。外に出たくなる日。
28	日	◑メッセージの日 ▶ 家の日　[ボイド] 〜02:24 生活環境や身内に目が向かう。原点回帰。
29	月	家の日 「普段の生活」が充実。身内との関係強化。環境改善ができる。
30	火	家の日 ▶ 愛の日　[ボイド] 06:01〜06:29 愛の追い風が吹く。好きなことができる。
31	水	愛の日 愛について嬉しいことがある。子育て、趣味、創作にも追い風が。

8 ・AUGUST・

1 木 愛の日 ▶ メンテナンスの日 ［ボイド］ 11:48〜12:21
「やりたいこと」から「やるべきこと」へのシフト。

2 金 メンテナンスの日
生活や心身の故障部分を修理できる。ケアしたり、されたり。

3 土 メンテナンスの日 ▶ 人に会う日 ［ボイド］ 19:33〜20:11
「自分の世界」から「外界」へ出るような節目。

4 日 ●人に会う日
人に会ったり、会う約束をしたりする日。出会いの気配も。
☽「他者」のハウスで新月。出会いのとき。誰かとの関係が刷新。未来への約束を交わす。

5 月 人に会う日
人に会ったり、会う約束をしたりする日。出会いの気配も。
◆金星が「ギフト」のハウスへ。欲望の解放と調整、他者への要求、他者からの要求。甘え。◆水星が「ギフト」のハウスで逆行開始。経済的関係の調整。貸し借りの精算。「お礼・お返し」。

6 火 人に会う日 ▶ プレゼントの日 ［ボイド］ 00:18〜06:18
他者との関係に、さらに一歩踏み込めるように。

7 水 プレゼントの日
人から貴重なものを受け取れる。提案を受ける場面も。

8 木 プレゼントの日 ▶ 旅の日 ［ボイド］ 17:42〜18:33
遠い場所との間に、橋が架かり始める。

9 金 旅の日
遠出したり、遠くから人が訪ねてくれたりする日。発信力も増す。

10 土 旅の日 ［ボイド］ 06:46〜
遠出したり、遠くから人が訪ねてくれたりする日。発信力も増す。

11 日 旅の日 ▶ 達成の日 ［ボイド］ 〜07:35
意欲が湧く。はっきりした成果が出る時間へ。

12 月 達成の日
目標に手が届く。結果が出る日。人から認められる場面も。

13 火 ◐達成の日 ▶ 友だちの日 ［ボイド］ 18:03〜19:02
肩の力が抜け、伸びやかな気持ちになれる。

14 水 友だちの日
未来のプランを立てる。友だちと過ごせる。チームワーク。

15 木 友だちの日
未来のプランを立てる。友だちと過ごせる。チームワーク。
◆逆行中の水星が「他者」のハウスに。「再会」のチャンス。誰かとの関係の再構築へ。

16 金 友だちの日 ▶ ひみつの日 ［ボイド］ 01:54〜02:53
ざわめきから少し離れたくなる。自分の時間。

17 土
ひみつの日
一人の時間。過去を振り返り、戦略を練る。自分を大事にする。

18 日
ひみつの日 ▶ スタートの日　[ボイド] 05:45〜06:46
新しいことを始めやすい時間に切り替わる。

19 月
スタートの日
主役の意識で動く。新しい選択肢を選べる。気持ちが切り替わる。

20 火
○スタートの日 ▶ お金の日　[ボイド] 03:27〜07:53
物質面・経済活動が活性化する時間に入る。
☽「自分」のハウスで満月。現在の自分を受け入れられる。誰かに受け入れてもらえる。

21 水
お金の日
いわゆる「金運がいい」日。実入りが良く、いい買い物もできそう。

22 木
お金の日 ▶ メッセージの日　[ボイド] 06:56〜08:03
「動き」が出てくる。コミュニケーションの活性。
✦太陽が「ギフト」のハウスへ。1年のサイクルの中で経済的授受のバランスを見直すとき。

23 金
メッセージの日　[ボイド] 21:46〜
待っていた朗報が届く。勉強が捗る。外に出たくなる日。

24 土
メッセージの日 ▶ 家の日　[ボイド] 〜09:02
生活環境や身内に目が向かう。原点回帰。

25 日
家の日
「普段の生活」が充実。身内との関係強化。環境改善ができる。

26 月
◑家の日 ▶ 愛の日　[ボイド] 10:42〜12:06
愛の追い風が吹く。好きなことができる。

27 火
愛の日
愛について嬉しいことがある。子育て、趣味、創作にも追い風が。

28 水
愛の日 ▶ メンテナンスの日　[ボイド] 16:15〜17:49
「やりたいこと」から「やるべきこと」へのシフト。

29 木
メンテナンスの日
生活や心身の故障部分を修理できる。ケアしたり、されたり。
✦水星が「他者」のハウスで順行へ。人間関係に関する混乱からの回復、前進。相互理解。✦金星が「旅」のハウスへ。楽しい旅の始まり、旅の仲間。研究の果実。距離を越える愛。

30 金
メンテナンスの日
生活や心身の故障部分を修理できる。ケアしたり、されたり。

31 土
メンテナンスの日 ▶ 人に会う日　[ボイド] 00:26〜02:11
「自分の世界」から「外界」へ出るような節目。

9 •SEPTEMBER•

1	日	人に会う日 人に会ったり、会う約束をしたりする日。出会いの気配も。
2	月	人に会う日 ▶ プレゼントの日　[ボイド] 09:27〜12:50 他者との関係に、さらに一歩踏み込めるように。 ✦天王星が「家」のハウスで逆行開始。ある場所からの離脱を「考え直す」とき。✦逆行中の冥王星が「ひみつ」のハウスへ。2008年頃からの劇的な内面的変容を振り返る時間に入る。
3	火	●プレゼントの日 人から貴重なものを受け取れる。提案を受ける場面も。 ☽「ギフト」のハウスで新月。心の扉を開く。誰かに導かれての経験。ギフトから始まること。
4	水	プレゼントの日 人から貴重なものを受け取れる。提案を受ける場面も。
5	木	プレゼントの日 ▶ 旅の日　[ボイド] 01:08〜01:13 遠い場所との間に、橋が架かり始める。 ✦火星が「任務」のハウスへ。多忙期へ。長く走り続けるための必要条件を、戦って勝ち取る。
6	金	旅の日 遠出したり、遠くから人が訪ねてくれたりする日。発信力も増す。
7	土	旅の日 ▶ 達成の日　[ボイド] 14:10〜14:20 意欲が湧く。はっきりした成果が出る時間へ。
8	日	達成の日 目標に手が届く。結果が出る日。人から認められる場面も。
9	月	達成の日 目標に手が届く。結果が出る日。人から認められる場面も。 ✦再び水星が「ギフト」のハウスへ。人間関係が落ち着き、自分の都合を優先できるように。
10	火	達成の日 ▶ 友だちの日　[ボイド] 02:13〜02:27 肩の力が抜け、伸びやかな気持ちになれる。
11	水	◐友だちの日 未来のプランを立てる。友だちと過ごせる。チームワーク。
12	木	友だちの日 ▶ ひみつの日　[ボイド] 09:22〜11:39 ざわめきから少し離れたくなる。自分の時間。
13	金	ひみつの日 一人の時間。過去を振り返り、戦略を練る。自分を大事にする。
14	土	ひみつの日 ▶ スタートの日　[ボイド] 16:36〜16:55 新しいことを始めやすい時間に切り替わる。
15	日	スタートの日 主役の意識で動く。新しい選択肢を選べる。気持ちが切り替わる。

16 月 スタートの日 ▶ お金の日 [ボイド] 14:06〜18:41
物質面・経済活動が活性化する時間に入る。

17 火 お金の日
いわゆる「金運がいい」日。実入りが良く、いい買い物もできそう。

18 水 ◯お金の日 ▶ メッセージの日 [ボイド] 18:04〜18:26
「動き」が出てくる。コミュニケーションの活性。
🌙「生産」のハウスで月食。経済的に、驚きを伴う果実を収穫できそう。ミラクルな実り。

19 木 メッセージの日
待っていた朗報が届く。勉強が捗る。外に出たくなる日。

20 金 メッセージの日 ▶ 家の日 [ボイド] 17:40〜18:04
生活環境や身内に目が向かう。原点回帰。

21 土 家の日
「普段の生活」が充実。身内との関係強化。環境改善ができる。

22 日 家の日 ▶ 愛の日 [ボイド] 19:16〜19:26
愛の追い風が吹く。好きなことができる。
✦太陽が「旅」のハウスへ。1年のサイクルの中で「精神的成長」を確認するとき。

23 月 愛の日
愛について嬉しいことがある。子育て、趣味、創作にも追い風が。
✦金星が「目標と結果」のハウスへ。目標達成と勲章。気軽に掴めるチャンス。嬉しい配役。

24 火 愛の日 ▶ メンテナンスの日 [ボイド] 21:01〜23:52
「やりたいこと」から「やるべきこと」へのシフト。

25 水 ◑メンテナンスの日
生活や心身の故障部分を修理できる。ケアしたり、されたり。

26 木 メンテナンスの日
生活や心身の故障部分を修理できる。ケアしたり、されたり。
✦水星が「旅」のハウスへ。軽やかな旅立ち。勉強や研究に追い風が。導き手に恵まれる。

27 金 メンテナンスの日 ▶ 人に会う日 [ボイド] 07:14〜07:49
「自分の世界」から「外界」へ出るような節目。

28 土 人に会う日
人に会ったり、会う約束をしたりする日。出会いの気配も。

29 日 人に会う日 ▶ プレゼントの日 [ボイド] 12:37〜18:43
他者との関係に、さらに一歩踏み込めるように。

30 月 プレゼントの日
人から貴重なものを受け取れる。提案を受ける場面も。

10 •OCTOBER•

1	火	プレゼントの日 人から貴重なものを受け取れる。提案を受ける場面も。
2	水	プレゼントの日 ▶ 旅の日　［ボイド］06:41〜07:21 遠い場所との間に、橋が架かり始める。
3	木	●旅の日 遠出したり、遠くから人が訪ねてくれたりする日。発信力も増す。 ☽「旅」のハウスで日食。強い縁を感じるような旅に出ることになるかも。精神的転換。
4	金	旅の日 ▶ 達成の日　［ボイド］19:42〜20:24 意欲が湧く。はっきりした成果が出る時間へ。
5	土	達成の日 目標に手が届く。結果が出る日。人から認められる場面も。
6	日	達成の日 目標に手が届く。結果が出る日。人から認められる場面も。
7	月	達成の日 ▶ 友だちの日　［ボイド］07:54〜08:36 肩の力が抜け、伸びやかな気持ちになれる。
8	火	友だちの日 未来のプランを立てる。友だちと過ごせる。チームワーク。
9	水	友だちの日 ▶ ひみつの日　［ボイド］14:55〜18:40 ざわめきから少し離れたくなる。自分の時間。 ◆木星が「愛」のハウスで逆行開始。愛の成長が「熟成期間」に入る。じっくり愛に向き合うとき。
10	木	ひみつの日 一人の時間。過去を振り返り、戦略を練る。自分を大事にする。
11	金	◐ひみつの日 一人の時間。過去を振り返り、戦略を練る。自分を大事にする。
12	土	ひみつの日 ▶ スタートの日　［ボイド］00:55〜01:33 新しいことを始めやすい時間に切り替わる。 ◆冥王星が「ひみつ」のハウスで順行へ。心の最も奥深くから、宝石を引き上げ始める。
13	日	スタートの日　［ボイド］23:12〜 主役の意識で動く。新しい選択肢を選べる。気持ちが切り替わる。
14	月	スタートの日 ▶ お金の日　［ボイド］〜04:57 物質面・経済活動が活性化する時間に入る。 ◆水星が「目標と結果」のハウスへ。ここから忙しくなる。新しい課題、ミッション、使命。
15	火	お金の日 いわゆる「金運がいい」日。実入りが良く、いい買い物もできそう。

16 水
お金の日 ▶ メッセージの日　［ボイド］ 05:02〜05:36
「動き」が出てくる。コミュニケーションの活性。

17 木
◯メッセージの日
待っていた朗報が届く。勉強が捗る。外に出たくなる日。
☽「コミュニケーション」のハウスで満月。重ねてきた勉強や対話が実を結ぶとき。意思疎通が叶う。

18 金
メッセージの日 ▶ 家の日　［ボイド］ 04:28〜05:01
生活環境や身内に目が向かう。原点回帰。
◆金星が「夢と友」のハウスへ。友や仲間との交流が華やかに。「恵み」を受け取れる。

19 土
家の日
「普段の生活」が充実。身内との関係強化。環境改善ができる。

20 日
家の日 ▶ 愛の日　［ボイド］ 04:35〜05:09
愛の追い風が吹く。好きなことができる。

21 月
愛の日
愛について嬉しいことがある。子育て、趣味、創作にも追い風が。

22 火
愛の日 ▶ メンテナンスの日　［ボイド］ 06:02〜07:51
「やりたいこと」から「やるべきこと」へのシフト。

23 水
メンテナンスの日
生活や心身の故障部分を修理できる。ケアしたり、されたり。
◆太陽が「目標と結果」のハウスへ。1年のサイクルの中で「目標と達成」を確認するとき。

24 木
◑メンテナンスの日 ▶ 人に会う日　［ボイド］ 13:49〜14:26
「自分の世界」から「外界」へ出るような節目。

25 金
人に会う日
人に会ったり、会う約束をしたりする日。出会いの気配も。

26 土
人に会う日　［ボイド］ 17:05〜
人に会ったり、会う約束をしたりする日。出会いの気配も。

27 日
人に会う日 ▶ プレゼントの日　［ボイド］ 〜00:49
他者との関係に、さらに一歩踏み込めるように。

28 月
プレゼントの日
人から貴重なものを受け取れる。提案を受ける場面も。

29 火
プレゼントの日 ▶ 旅の日　［ボイド］ 12:56〜13:31
遠い場所との間に、橋が架かり始める。

30 水
旅の日
遠出したり、遠くから人が訪ねてくれたりする日。発信力も増す。

31 木
旅の日
遠出したり、遠くから人が訪ねてくれたりする日。発信力も増す。

11 •NOVEMBER•

1	金	●旅の日 ▶ 達成の日　[ボイド] 01:59〜02:31 意欲が湧く。はっきりした成果が出る時間へ。 ☽「目標と結果」のハウスで新月。新しいミッションがスタートするとき。目的意識が定まる。
2	土	達成の日 目標に手が届く。結果が出る日。人から認められる場面も。
3	日	達成の日 ▶ 友だちの日　[ボイド] 13:53〜14:21 肩の力が抜け、伸びやかな気持ちになれる。 ✦水星が「夢と友」のハウスへ。仲間に恵まれる爽やかな季節。友と夢を語れる。新しい計画。
4	月	友だちの日 未来のプランを立てる。友だちと過ごせる。チームワーク。 ✦火星が「他者」のハウスへ。摩擦を怖れぬ対決。一対一の勝負。攻めの交渉。他者からの刺激。
5	火	友だちの日　[ボイド] 19:25〜 未来のプランを立てる。友だちと過ごせる。チームワーク。
6	水	友だちの日 ▶ ひみつの日　[ボイド] 〜00:19 ざわめきから少し離れたくなる。自分の時間。
7	木	ひみつの日 一人の時間。過去を振り返り、戦略を練る。自分を大事にする。
8	金	ひみつの日 ▶ スタートの日　[ボイド] 07:39〜07:59 新しいことを始めやすい時間に切り替わる。
9	土	◐スタートの日 主役の意識で動く。新しい選択肢を選べる。気持ちが切り替わる。
10	日	スタートの日 ▶ お金の日　[ボイド] 09:25〜13:02 物質面・経済活動が活性化する時間に入る。
11	月	お金の日 いわゆる「金運がいい」日。実入りが良く、いい買い物もできそう。
12	火	お金の日 ▶ メッセージの日　[ボイド] 15:15〜15:27 「動き」が出てくる。コミュニケーションの活性。 ✦金星が「ひみつ」のハウスへ。これ以降、純粋な愛情から行動できる。一人の時間の充実も。
13	水	メッセージの日 待っていた朗報が届く。勉強が捗る。外に出たくなる日。
14	木	メッセージの日 ▶ 家の日　[ボイド] 15:52〜16:01 生活環境や身内に目が向かう。原点回帰。
15	金	家の日 「普段の生活」が充実。身内との関係強化。環境改善ができる。 ✦土星が「生産」のハウスで順行へ。経済面での「建設作業」の再開。一つ一つ石を積み始める。

16	土	◯家の日 ▶ 愛の日　［ボイド］16:04〜16:10 愛の追い風が吹く。好きなことができる。 ☽「家」のハウスで満月。居場所が「定まる」。身近な人との間で「心満ちる」とき。
17	日	愛の日 愛について嬉しいことがある。子育て、趣味、創作にも追い風が。
18	月	愛の日 ▶ メンテナンスの日　［ボイド］13:10〜17:51 「やりたいこと」から「やるべきこと」へのシフト。
19	火	メンテナンスの日 生活や心身の故障部分を修理できる。ケアしたり、されたり。
20	水	メンテナンスの日 ▶ 人に会う日　［ボイド］20:22〜22:53 「自分の世界」から「外界」へ出るような節目。 ◆冥王星が「自分」のハウスへ。ここから2043年頃にかけ、生まれ変わるような経験ができる。
21	木	人に会う日 人に会ったり、会う約束をしたりする日。出会いの気配も。
22	金	人に会う日　［ボイド］22:16〜 人に会ったり、会う約束をしたりする日。出会いの気配も。 ◆太陽が「夢と友」のハウスへ。1年のサイクルの中で「友」「未来」に目を向ける季節へ。
23	土	◑人に会う日 ▶ プレゼントの日　［ボイド］〜08:03 他者との関係に、さらに一歩踏み込めるように。
24	日	プレゼントの日 人から貴重なものを受け取れる。提案を受ける場面も。
25	月	プレゼントの日 ▶ 旅の日　［ボイド］14:37〜20:21 遠い場所との間に、橋が架かり始める。
26	火	旅の日 遠出したり、遠くから人が訪ねてくれたりする日。発信力も増す。 ◆水星が「夢と友」のハウスで逆行開始。古い交友関係の復活、過去からもたらされる恵み。
27	水	旅の日　［ボイド］18:16〜 遠出したり、遠くから人が訪ねてくれたりする日。発信力も増す。
28	木	旅の日 ▶ 達成の日　［ボイド］〜09:22 意欲が湧く。はっきりした成果が出る時間へ。
29	金	達成の日 目標に手が届く。結果が出る日。人から認められる場面も。
30	土	達成の日 ▶ 友だちの日　［ボイド］15:21〜20:55 肩の力が抜け、伸びやかな気持ちになれる。

12 •DECEMBER•

1	日	●友だちの日 未来のプランを立てる。友だちと過ごせる。チームワーク。 ☽「夢と友」のハウスで新月。新しい仲間や友に出会えるとき。夢が生まれる。迷いが晴れる。
2	月	友だちの日 未来のプランを立てる。友だちと過ごせる。チームワーク。
3	火	友だちの日▶ひみつの日　[ボイド] 00:49〜06:11 ざわめきから少し離れたくなる。自分の時間。
4	水	ひみつの日 一人の時間。過去を振り返り、戦略を練る。自分を大事にする。
5	木	ひみつの日▶スタートの日　[ボイド] 08:36〜13:23 新しいことを始めやすい時間に切り替わる。
6	金	スタートの日 主役の意識で動く。新しい選択肢を選べる。気持ちが切り替わる。
7	土	スタートの日▶お金の日　[ボイド] 09:03〜18:51 物質面・経済活動が活性化する時間に入る。 ✦火星が「他者」のハウスで逆行開始。攻撃だけでなく防御もしっかり視野に入れる。✦金星が「自分」のハウスに。あなたの魅力が輝く季節の到来。愛に恵まれる楽しい日々へ。
8	日	お金の日 いわゆる「金運がいい」日。実入りが良く、いい買い物もできそう。 ✦海王星が「生産」のハウスで順行へ。物質的・経済的な「憧れ」の思いを新たにするとき。
9	月	◐お金の日▶メッセージの日　[ボイド] 17:46〜22:39 「動き」が出てくる。コミュニケーションの活性。
10	火	メッセージの日 待っていた朗報が届く。勉強が捗る。外に出たくなる日。
11	水	メッセージの日　[ボイド] 07:15〜 待っていた朗報が届く。勉強が捗る。外に出たくなる日。
12	木	メッセージの日▶家の日　[ボイド] 〜00:57 生活環境や身内に目が向かう。原点回帰。
13	金	家の日　[ボイド] 21:41〜 「普段の生活」が充実。身内との関係強化。環境改善ができる。
14	土	家の日▶愛の日　[ボイド] 〜02:23 愛の追い風が吹く。好きなことができる。
15	日	○愛の日　[ボイド] 23:33〜 愛について嬉しいことがある。子育て、趣味、創作にも追い風が。 ☽「愛」のハウスで満月。愛が「満ちる」「実る」とき。クリエイティブな作品の完成。

16 月
愛の日 ▶ メンテナンスの日　[ボイド] ～04:23
「やりたいこと」から「やるべきこと」へのシフト。
✦水星が「夢と友」のハウスで順行へ。交友関係の正常化、ネットワーク拡大の動きが再開する。

17 火
メンテナンスの日
生活や心身の故障部分を修理できる。ケアしたり、されたり。

18 水
メンテナンスの日 ▶ 人に会う日　[ボイド] 03:35～08:41
「自分の世界」から「外界」へ出るような節目。

19 木
人に会う日
人に会ったり、会う約束をしたりする日。出会いの気配も。

20 金
人に会う日 ▶ プレゼントの日　[ボイド] 14:21～16:39
他者との関係に、さらに一歩踏み込めるように。

21 土
プレゼントの日
人から貴重なものを受け取れる。提案を受ける場面も。
✦太陽が「ひみつ」のハウスへ。新しい１年を目前にしての、振り返りと準備の時期。

22 日
プレゼントの日　[ボイド] 22:29～
人から貴重なものを受け取れる。提案を受ける場面も。

23 月
◑プレゼントの日 ▶ 旅の日　[ボイド] ～04:09
遠い場所との間に、橋が架かり始める。

24 火
旅の日　[ボイド] 19:46～
遠出したり、遠くから人が訪ねてくれたりする日。発信力も増す。

25 水
旅の日 ▶ 達成の日　[ボイド] ～17:08
意欲が湧く。はっきりした成果が出る時間へ。

26 木
達成の日
目標に手が届く。結果が出る日。人から認められる場面も。

27 金
達成の日　[ボイド] 23:26～
目標に手が届く。結果が出る日。人から認められる場面も。

28 土
達成の日 ▶ 友だちの日　[ボイド] ～04:48
肩の力が抜け、伸びやかな気持ちになれる。

29 日
友だちの日
未来のプランを立てる。友だちと過ごせる。チームワーク。

30 月
友だちの日 ▶ ひみつの日　[ボイド] 08:36～13:39
ざわめきから少し離れたくなる。自分の時間。

31 火
●ひみつの日
一人の時間。過去を振り返り、戦略を練る。自分を大事にする。
☽「ひみつ」のハウスで新月。密かな迷いから解放される。自他を救うための行動を起こす。

参考　カレンダー解説の文字・線の色

あなたの星座にとって星の動きがどんな意味を持つか、わかりやすくカレンダーに書き込んでみたのが、P.89からの「カレンダー解説」です。色分けは厳密なものではありませんが、だいたい以下のようなイメージで分けられています。

―― 赤色
インパクトの強い出来事、意欲や情熱、
パワーが必要な場面。

―― 水色
ビジネスや勉強、コミュニケーションなど、
知的な活動に関すること。

―― **紺色**
重要なこと、長期的に大きな意味のある変化。
精神的な変化、健康や心のケアに関すること。

―― 緑色
居場所、家族に関すること。

―― ピンク色
愛や人間関係に関すること。嬉しいこと。

―― オレンジ色
経済活動、お金に関すること。

HOSHIORI

水瓶座 2024年の
カレンダー解説

● 解説の文字・線の色のイメージはP.88をご参照下さい ●

1 •JANUARY•

mon	tue	wed	thu	fri	sat	sun
1	2	3	4	5	6	7
8	9	10	11	12	13	14
15	16	17	18	19	20	21
22	23	24	25	26	27	28
29	30	31				

2023/12/30–1/23　嬉しいことがたくさん起こる、素晴らしい季節。心躍る出来事が起こる。人に恵まれる。優しくなれる。人気が出る。新しい希望が湧いてくる。

1/21　ふつふつと野心が燃え始める。渇望のようなものが湧き上がる。何かに強烈に惹きつけられるような場面も。

1/26　人間関係が大きく進展する。誰かとの関係が深く、強くなる。交渉事がまとまる。相談の結論が出る。大事な約束を交わす人も。

2 •FEBRUARY•

mon	tue	wed	thu	fri	sat	sun
			1	2	3	4
5	6	7	8	9	10	11
12	13	14	15	16	17	18
19	20	21	22	23	24	25
26	27	28	29			

2/10　特別なスタートライン。新しいことを始められる。目新しいことが起こる。素敵な節目。

2/5–3/23　喜びの多い、情熱の季節。大勝負の時。ガンガンチャレンジできる。自分から何か新しいことを起ち上げる人も。自分自身との闘いに勝てる。内なる炎が一気に増幅する。

3 •MARCH•

mon	tue	wed	thu	fri	sat	sun
				1	2	3
4	5	6	7	8	9	10
11	12	13	14	15	16	17
18	19	20	21	22	23	24
25	26	27	28	29	30	31

3/10–5/16　コミュニケーションの輪が広がる。活き活きと動ける時。身近な人と深く話し合える。不思議と物事がうまくいく。

3/12–5/1　熱い経済活動の時間。精力的に稼ぎ、欲しいものを手に入れられる。お金が大きく動く時。

3/25　遠くから意外なメッセージが届くかも。招聘、招待を受ける人も。知的活動において、大きな成果を挙げる人も。

4 •APRIL•

mon	tue	wed	thu	fri	sat	sun
1	2	3	4	5	6	7
8	9	10	11	12	13	14
15	16	17	18	19	20	21
22	23	24	25	26	27	28
29	30					

4/2–4/29　懐かしい人から連絡が来るかも。かつて訪れた場所を再訪する人も。「学び直す」好機でもある。

4/24　大きな目標を達成できる。仕事や対外的な活動で大きな成果を挙げられる。

4/29–5/24　家の中に愛が溢れる。暮らしが楽しく、ゆたかになる。家族や身近な人との関係が好転する。家で楽しめることが増える。

5 •MAY•

mon	tue	wed	thu	fri	sat	sun
		1	2	3	4	5
6	7	8	9	10	11	12
13	14	15	16	17	18	19
20	21	22	23	24	25	26
27	28	29	30	31		

5/8　居場所に新しい風が吹き込む。家族や身近な人との関係が刷新される。家の中に新しいものが入る。

5/24–6/17　愛のドラマがダイナミックに展開する。クリエイティブな活動にも大チャンスが訪れる。遊びや趣味、子育てなどにも追い風が吹く、とても楽しい時間。

5/26　「愛と創造の季節」に入る。大恋愛をする人もいれば、クリエイティブな活動において大ブレイクを果たす人もいる。好きなことが増える。才能が開花する。

6 •JUNE•

mon	tue	wed	thu	fri	sat	sun
					1	2
3	4	5	6	7	8	9
10	11	12	13	14	15	16
17	18	19	20	21	22	23
24	25	26	27	28	29	30

6/6　「愛が生まれる」タイミング。好きになれることに出会える。恋に落ちる人も。クリエイティブな活動の新しいスタートライン。

6/22　密かな悩みが不思議な経緯で解決する。慢性的な問題が解決に向かう。「救い」が得られる。

7 •JULY•

mon	tue	wed	thu	fri	sat	sun
1	2	3	4	5	6	7
8	9	10	11	12	13	14
15	16	17	18	19	20	21
22	23	24	25	26	27	28
29	30	31				

7/2–9/9　人に恵まれる時。人と会う機会が多くなる。素敵な出会いの気配。人と関わりながら成長できる。

7/12–9/5　「愛と情熱の季節」。恋愛には最強の追い風が吹き続ける。特に7/21–8/5は、愛のドラマがクライマックスに。クリエイティブ活動にも素晴らしいチャンスが巡ってくる。

7/21　6/22の「続き」のような出来事が起こるかも。心の奥深くにあった心配事が昇華する。誰かの手助けを得て、心の解放が起こる。

8 •AUGUST•

mon	tue	wed	thu	fri	sat	sun
			1	2	3	4
5	6	7	8	9	10	11
12	13	14	15	16	17	18
19	20	21	22	23	24	25
26	27	28	29	30	31	

8/4　素敵な出会いの時。パートナーとの関係に新鮮な風が流れ込む。対話や交渉が始まる。

8/15–8/29　誰かがふり向いてくれるかも。人のために立ち止まる時、または、誰かが自分のために立ち止まって時間を割いてくれる時。

8/29–9/23　キラキラの旅ができる。楽しい冒険の時間。勉強もとても楽しくなる。素敵なメッセージを受け取れる。

9 •SEPTEMBER•

mon	tue	wed	thu	fri	sat	sun
						1
2	3	4	5	6	7	8
9	10	11	12	13	14	15
16	17	18	19	20	21	22
23	24	25	26	27	28	29
30						

9/9–9/22　人から受け取れるものがたくさんある時。パートナーや関係者の経済状況が好転する。経済活動における混乱が解消していく。

9/18　経済活動における努力が実を結ぶ。臨時収入が入るなど、お金に関して嬉しいことが起こる。

10 •OCTOBER•

mon	tue	wed	thu	fri	sat	sun
	1	2	3	4	5	6
7	8	9	10	11	12	13
14	15	16	17	18	19	20
21	22	23	24	25	26	27
28	29	30	31			

10/3　遠くから意外なメッセージが届くかも。招聘、招待を受ける人も。知的活動において、大きな成果を挙げる人も。

10/23–11/3　熱い多忙期。いい汗をかいて、大きな成果を挙げられる。フレッシュな挑戦ができる。努力が結果に直結する。強い使命感のもとに変えていけることがある。転職活動に望む人も。

11 •NOVEMBER•

mon	tue	wed	thu	fri	sat	sun
				1	2	3
4	5	6	7	8	9	10
11	12	13	14	15	16	17
18	19	20	21	22	23	24
25	26	27	28	29	30	

11/1　大きな目標を達成できる。仕事や対外的な活動で大きな成果を挙げられる。

11/4–2025/1/6　人間関係に熱がこもる。刺激的な人物、強烈な印象をまとう人物との出会い。タフな交渉や「対決」に臨む人も。ここが「第一弾」で、2025年4月から6月に「第二弾」がある。

11/20　ここから2043年にかけて、生まれ変わるような体験ができる。激しい衝動、情熱、野心を生きる人も。「運命」を感じるような物語が始まる。

12 •DECEMBER•

mon	tue	wed	thu	fri	sat	sun
						1
2	3	4	5	6	7	8
9	10	11	12	13	14	15
16	17	18	19	20	21	22
23	24	25	26	27	28	29
30	31					

12/7–2025/1/3　キラキラ輝くような、楽しい時間。愛にも強い光が射し込む。より魅力的に「変身」する人も。

12/15　「愛が満ちる・実る」時。クリエイティブな活動において、大きな成果を挙げる人も。

2024年のプチ占い（天秤座〜魚座）

天秤座（9/24-10/23生まれ）

出会いとギフトの年。自分では決して出会えないようなものを、色々な人から手渡される。チャンスを作ってもらえたり、素敵な人と繋げてもらえたりするかも。年の後半は大冒険と学びの時間に入る。

蠍座（10/24-11/22生まれ）

パートナーシップと人間関係の年。普段関わるメンバーが一変したり、他者との関わり方が大きく変わったりする。人と会う機会が増える。素晴らしい出会いに恵まれる。人から受け取るものが多い年。

射手座（11/23-12/21生まれ）

働き方や暮らし方を大きく変えることになるかも。健康上の問題を抱えていた人は、心身のコンディションが好転する可能性が。年の半ば以降は、出会いと関わりの時間に入る。パートナーを得る人も。

山羊座（12/22-1/20生まれ）

2008年頃からの「魔法」が解けるかも。執着やこだわり、妄念から解き放たれる。深い心の自由を得られる。年の前半は素晴らしい愛と創造の季節。楽しいことが目白押し。後半は新たな役割を得る人も。

水瓶座（1/21-2/19生まれ）

野心に火がつく。どうしても成し遂げたいことに出会えるかも。自分を縛ってきた鎖を粉砕するような試みができる。年の前半は新たな居場所を見つけられるかも。後半はキラキラの愛と創造の時間へ。

魚座（2/20-3/20生まれ）

コツコツ続けてきたことが、だんだんと形になる。理解者に恵まれ、あちこちから意外な助け船を出してもらえる年。年の半ばから約1年の中で、新しい家族が増えたり、新たな住処を見つけたりできる。

（※牡羊座〜乙女座はP.30）

HOSHIORI

星のサイクル
海王星

◆◇◇◇◆◇◇◇◆◇◇◇◆◇◇◇◆◇◇◇◆◇◇◇◆◇◇◇◆◇◇◇◆◇◇◇◆◇◇◇◆◇◇◇◆◇◇◇◆◇◇◇◆◇◇

海王星のサイクル

現在魚座に滞在中の海王星は、2025年3月に牡羊座へと移動を開始し、2026年1月に移動を完了します。つまり今、私たちは2012年頃からの「魚座海王星時代」を後にし、新しい「牡羊座海王星時代」を目前にしているのです。海王星のサイクルは約165年ですから、一つの星座の海王星を体験できるのはいずれも、一生に一度です。海王星は幻想、理想、夢、無意識、音楽、映像、海、オイル、匂いなど、目に見えないもの、手で触(さわ)れないものに関係の深い星です。現実と理想、事実と想像、生と死を、私たちは生活の中で厳密に分けていますが、たとえば詩や映画、音楽などの世界では、その境界線は極めて曖昧になります。さらに、日々の生活の中でもごくマレに、両者の境界線が消える瞬間があります。その時私たちは、人生の非常に重要な、ある意味危険な転機を迎えます。「精神のイニシエーション」をしばしば、私たちは海王星とともに過ごすのです。以下、来年からの新しい「牡羊座海王星時代」を、少し先取りして考えてみたいと思います。

◆◇◇◇◆◇◇◇◆◇◇◇◆◇◇◇◆◇◇◇◆◇◇◇◆◇◇◇◆◇◇◇◆◇◇◇◆◇◇◇◆◇◇◇◆◇◇◇◆◇◇◇◆◇◇

◆◇◇◇◆◇◇◇◆◇◇◇◆◇◇◇◆◇◇◇◆◇◇◇◆◇◇◇◆◇◇◇◆◇◇◇◆◇◇◇◆◇◇◇◆◇◇◇◆◇◇◇◆◇◇

海王星のサイクル年表 (詳しくは次のページへ)

時期	水瓶座のあなたにとってのテーマ
1928年-1943年	経済活動が「大きく回る」時
1942年-1957年	精神の学び
1955年-1970年	人生の、真の精神的目的
1970年-1984年	できるだけ美しい夢を描く
1984年-1998年	大スケールの「救い」のプロセス
1998年-2012年	コントロール不能な、精神的成長の過程
2011年-2026年	魂とお金の関係
2025年-2039年	価値観、世界観の精神的アップデート
2038年-2052年	居場所、水、清らかな感情
2051年-2066年	愛の救い、愛の夢
2065年-2079年	心の生活、セルフケアの重要性
2078年-2093年	「他者との関わり」という救い

※時期について／海王星は順行・逆行を繰り返すため、星座の境界線を何度か往復してから移動を完了する。上記の表で、開始時は最初の移動のタイミング、終了時は移動完了のタイミング。

◆◇◇◇◆◇◇◇◆◇◇◇◆◇◇◇◆◇◇◇◆◇◇◇◆◇◇◇◆◇◇◇◆◇◇◇◆◇◇◇◆◇◇◇◆◇◇◇◆◇◇◇◆◇◇

◈1928-1943年　経済活動が「大きく回る」時

「人のために、自分の持つ力を用いる」という意識を持つことと、「自分ではどうにもできないこと」をありのままに受け止めること。この二つのスタンスが、あなたを取り巻く経済活動を大きく活性化させます。無欲になればなるほど豊かさが増し、生活の流れが良くなるのです。性愛の夢を生きる人も。

◈1942-1957年　精神の学び

ここでの学びの目的は単に知識を得ることではなく、学びを通した精神的成長です。学びのプロセスは言わば「手段」です。「そんなことを学んで、なんの役に立つの？」と聞かれ、うまく答えられないようなことこそが、この時期真に学ぶべきテーマだからです。学びを通して、救いを得る人もいるはずです。

◈1955-1970年　人生の、真の精神的目的

仕事で大成功して「これはお金のためにやったのではない」と言う人がいます。「では、なんのためなのか」は、その人の精神に、答えがあります。この時期、あなたは自分の人生において真に目指せるものに出会うでしょう。あるいは、多くの人から賞賛されるような「名誉」を手にする人もいるはずです。

◈1970-1984年　できるだけ美しい夢を描く

人生で一番美しく、大きく、素敵な夢を描ける時です。その夢が実現するかどうかより、できるだけ素晴らしい夢を描くということ自体が重要です。夢を見たことがある人と、そうでない人では、人生観も大きく異なるからです。大きな夢を描き、希望を抱くことで、人生で最も大切な何かを手に入れられます。

◈1984-1998年 大スケールの「救い」のプロセス

あなたにとって「究極の望み」「一番最後の望み」があるとしたら、どんな望みでしょうか。「一つだけ願いを叶えてあげるよ」と言われたら、何を望むか。この命題に、新しい答えを見つけられます。「一つだけ叶う願い」は、あなたの心の救いとなり、さらに、あなたの大切な人を救う原動力ともなります。

◈1998-2012年 コントロール不能な、精神的成長の過程

「自分」が靄(もや)に包まれたように見えなくなり、アイデンティティを見失うことがあるかもしれません。意識的なコントロールや努力を離れたところで、人生の神髄に触れ、精神的な成長が深まります。この時期を終える頃、決して衰えることも傷つくこともない、素晴らしい人間的魅力が備わります。

◈2011-2026年 魂とお金の関係

経済活動は「計算」が基本です。ですがこの時期は不思議と「計算が合わない」傾向があります。世の経済活動の多くは、実際には「割り切れないこと」だらけです。こうした「1＋1＝2」にならない経済活動の秘密を見つめるための「心の力」が成長する時期です。魂とお金の関係の再構築が進みます。

◈2025-2039年 価値観、世界観の精神的アップデート

誰もが自分のイマジネーションの世界を生きています。どんなに「目の前の現実」を生きているつもりでも、自分自身の思い込み、すなわち「世界観」の外には、出られないのです。そうした「世界観」の柱となるのが、価値観や思想です。そうした世界観、枠組みに、大スケールのアップデートが起こります。

◈2038-2052年 居場所、水、清らかな感情

心の風景と実際の生活の場の風景を、時間をかけて「洗い上げる」ような時間です。家族や「身内」と呼べる人たちとの深い心の交流が生まれます。居場所や家族との関係の変容がそのまま、精神的成長に繋がります。物理的な居場所のメンテナンスが必要になる場合も。特に水回りの整備が重要な時です。

◈2051-2066年 愛の救い、愛の夢

感受性がゆたかさを増し、才能と個性が外界に向かって大きく開かれて、素晴らしい創造性を発揮できる時です。人の心を揺さぶるもの、人を救うものなどを、あなたの活動によって生み出せます。誰もが心の中になんらかの痛みや傷を抱いていますが、そうした傷を愛の体験を通して「癒し合える」時です。

◈2065-2079年 心の生活、セルフケアの重要性

できる限りワガママに「自分にとっての、真に理想と言える生活のしかた」を作ってゆく必要があります。自分の精神や「魂」が心底求めている暮らし方を、時間をかけて創造できます。もっともらしい精神論に惑わされて自分を見失わないで。他者にするのと同じくらい、自分自身をケアしたい時です。

◈2078-2093年 「他者との関わり」という救い

人から精神的な影響を受ける時期です。一対一での他者との関わりの中で、自分の考え方や価値観の独特な癖に気づかされ、さらに「救い」を得られます。相手が特に「救おう」というつもりがなくとも、その関係の深まり自体が救いとなるのです。人生を変えるような、大きな心の結びつきを紡ぐ時間です。

◆○◇○◆○◇○◆○◇○◆○◇○◆○◇○◆○◇○◆○◇○◆○◇○◆○◇○◆○◇○◆○◇○◆○◇○◆○◇

〜先取り！ 2025年からのあなたの「海王星時代」〜
価値観、世界観の精神的アップデート

たとえば「勉強」と言えば、机に座って教科書や問題集を開いて…というイメージが浮かぶほうが多いかもしれません。ですがこの時期のあなたの「勉強」は、まるで精神の中に音楽を取り込むような作業となります。声を持たないものたちに耳を傾け、教えを請うような「勉強」ができる時なのです。旅やコミュニケーションもまた、夢の世界に旅し、妖精と語り合うようなものとなるかもしれません。神秘的なものや不思議なもの、精神に関することなどに、この時期、強い関心が湧き上がります。散文よりは詩を読みたくなるはずです。映像や音楽について学び始める人もいるでしょう。この時期の勉強は「頭に入れる」のではなく、心や身体、魂に「入れる」活動なのです。

私たちは基本的に、自分のイマジネーションの世界を生きています。どんなに「目の前の現実」を生きているつもりでも、自分自身の思い込み、すなわち「世界観」の枠組みの外には出られないのです。外界から取り入れた情報を頭の中で辻妻が合うように組み立て

◆○◇○◆○◇○◆○◇○◆○◇○◆○◇○◆○◇○◆○◇○◆○◇○◆○◇○◆○◇○◆○◇○◆○◇○◆○◇

◆◇◇◇◆◇◇◇◆◇◇◇◆◇◇◇◆◇◇◇◆◇◇◇◆◇◇◇◆◇◇◇◆◇◇◇◆◇◇◇◆◇◇◇◆◇◇◇◆◇◇◇◆◇◇

直して「世界観」を作り、誰もがその中で生きています。たとえ同じ家で生活していても、同世代で同じ職場で働いていても、その人その人に見える風景は全て、大なり小なり違っているのです。そうした「世界観」の柱となるのが、価値観や思想です。この時期そうした世界観、骨組みに、大スケールのアップデートが起こるのです。

係争の場などではいざ知らず、日常生活の中では、事実認識がどれだけ違うかを争うよりも、もっと大切なことがあります。それは、人の気持ちや愛情、信頼、結びつきの感覚です。この時期もし、あなたがコミュニケーション上の問題を抱えたとしたら、そのことが最も大きなテーマとなります。今、「気持ち」は伝わっているでしょうか。相手の「気持ち」を受け取れているでしょうか。この時期起こる問題では、そのあたりに突破口があるかもしれません。あなたの中に、歌はあるでしょうか。詩を書いてみる気持ちにならないでしょうか。この時期は情熱や涙や詩情、音楽や映像、心の声は、たいてい、正しい方向を教えてくれます。「瞑想」が役に立つ場面もあるでしょう。

◆◇◇◇◆◇◇◇◆◇◇◇◆◇◇◇◆◇◇◇◆◇◇◇◆◇◇◇◆◇◇◇◆◇◇◇◆◇◇◇◆◇◇◇◆◇◇◇◆◇◇◇◆◇◇

HOSHIORI

12星座プロフィール

AQUARIUS

水瓶座のプロフィール
思考と自由の星座

I know.

キャラクター

◈「ユニークさ」の真意

水瓶座を表現した記事には「ユニーク」という言葉が頻出します。一般には「面白い」「風変わりな」といったイメージで用いられがちですが、本来は「他に似ているものがない」「同じようなものを見つけることができない」という意味合いの言葉です。

たとえば、幼い子供は何でも友だちと同じにしたがります。大人になっても、多くの人が「自分は人と比べておかしくないだろうか」「自分だけが違っているのはイヤだな」と考えます。でも、水瓶座の人には「右へならえで他人のマネをする」という感性が、生まれつき、備わっていないのです。人の様子を見て、自分もそれに合わせる、という習慣がないがゆえに、「誰にも似ていない人」になりやすい、ということなのだろうと思います。

◈自由・平等・博愛の星座

水瓶座は思考の星座であり、正しさを求める星座です。この「正しさ」は、「エライ人や権力が認める正しさ」ではなく、人間は誰もが平等で対等な存在だ、という信念に基づく「正しさ」です。ですから、上から押しつけられるルールや価値観には、徹底的に反発し、反抗します。

水瓶座の人々は常に精神的な自由を持っていて、何でもゼロから自分で考えようとします。人の意見を鵜呑みにすることなく、自分の頭で物事を捉え、理解しようとするのです。ゆえに、その意見はごく個性的なものになりやすい傾向があります。

「自由と正しさを重んじ、反骨精神に富む人」というと、かたくなに孤立したアウトローのような存在を思い浮かべたくなりますが、実際の水瓶座の人々は決してそうではありません。むしろ、誰よりも仲間に囲まれ、いつも「友」を持っています。ベタベタした心情的な依存に陥ることはありませんが、爽やかな心の交流の中で、決して孤独になることがないのです。水瓶座は「友」の星座です。水瓶座の人の友情はあたたかく、一貫性があり、春夏秋冬葉を茂らせている常緑樹のようです。水瓶座の人の情愛は、「公平・平等」の観念と無関係ではありません。単なる好悪や感情の結びつきを超えて、人間関係に含まれるある種の「道徳」「倫理」のようなものを重んじるからこそ、人を見捨てたり、見放したりしない面があります。

◈宇宙からものを考える

水瓶座の人々の話にはよく「宇宙」というキーワードが出てきます。社会問題を論じ合っているのに、不意に「でも、それも宇宙から見たら……」というような展開になるのです。視野を狭めることなく、「もっと外側から見たらどうだろう」「もう一回り外側の客観性に照らしたら、どう捉えられるだろう」と考える態度は、水瓶座独特のものです。世の中にある格差や差別も、宇宙から見ればまるで意味のないことになってしまうように、水瓶座の人々はまるで宇宙人のような眼差しで、地球上の事物を見つめることができるのです。

◈客観と主観のアンバランス

私たちは思考の上で「客観」を仮定し、論じることができます。ですが、自分の主観の世界から逃れることは、地球上で重力から解放されることができないのと同じくらい、不可能です。水瓶座は「客観」を目指す星座であるがゆえに、自分の「主観」に弱いところがあります。「あなたの気持ちや意志は、どうなのですか?」と主観を問われると、答えを出せなくなるところがあるのです。

水瓶座の人々は、自分の「心」に疎いようです。「頭」は冴えていても、「心」のことは、あまりわかっていません。

もとい、他人の気持ちには敏感でも、自分自身の気持ちのことがよくわからないのです。感情が波打っているのにそれに気づかなかったり、ストレスで疲労しきっている自分をまったく認めなかったりします。ゆえに、主観や心を大切にする人とともにあることは、水瓶座の人にとって、大いに救いとなります。

支配星・神話

◈天王星

水瓶座の支配星は、天王星です。天空の神・ウラヌスの名がつけられています。天王星はウラヌスではなく、プロメテウスのほうがふさわしいのではないか、という説もあります。プロメテウスは神々が独占していた火を盗み出し、人間に分け与えました。すなわち、人間に科学技術を授けた存在がプロメテウスなのです。水瓶座はテクノロジーと結びつけられていますから、この点でもプロメテウスのほうが似つかわしいと感じる人が多いようです。

◈水瓶座の神話

大神ゼウスはあるとき、人間の少年ガニュメデスの美貌に心惹かれました。どうしてもガニュメデスをそばに置きたくなったゼウスは、大鷲に変身して地上に舞い降り、少年を連れ去ったのです。天界に連れて来られたガニュメデスは、神々の宴会で、神酒を注いでまわる給仕の役目を与えられました。

人間だった少年が天界に迎えられる、というこのお話は、神様から火を盗み出して人間に授けたプロメテウスのお話と、ごく対照的な内容のように思われます。神々の世界と人間の世界は本来「別々」のはずなのですが、水瓶座の世界ではどうも、この区別を超えて行き来できるようになっているのです。

水瓶座の才能

「時代の流れ」を捉える才能に恵まれています。ゆえに、時代の最先端を行くような分野で力を発揮しやすいようです。理数系の学問や先進技術に関心を持つ傾向も。いわゆる「機械に強い」人が多い星座です。物事の仕組みを考えること、広く世の中の正義について考えることが自然にできます。情報を発信すること、ともに学び合う場を作ることなどが得意な人も少なくありません。「みんなで考えよう」というスタンスを、自然に広げていける力を持っているのです。際立ったユニークなセンスを持つ人が多く、「流行を作る」人もいます。

牡羊座　はじまりの星座　I am.

素敵なところ

裏表がなく純粋で、自他を比較しません。明るく前向きで、正義感が強く、諍(いさか)いのあともさっぱりしています。欲しいものを欲しいと言える勇気、自己主張する勇気、誤りを認める勇気の持ち主です。

キーワード

勢い／勝負／果断／負けず嫌い／せっかち／能動的／スポーツ／ヒーロー・ヒロイン／華やかさ／アウトドア／草原／野生／丘陵／動物愛／議論好き／肯定的／帽子・頭部を飾るもの／スピード／赤

牡牛座　五感の星座　I have.

素敵なところ

感情が安定していて、態度に一貫性があります。知識や経験をたゆまずゆっくり、たくさん身につけます。穏やかでも不思議な存在感があり、周囲の人を安心させます。美意識が際立っています。

キーワード

感覚／色彩／快さ／リズム／マイペース／芸術／暢気(のんき)／贅沢／コレクション／一貫性／素直さと頑固さ／価値あるもの／美声・歌／料理／庭造り／変化を嫌う／積み重ね／エレガント／レモン色／白

双子座　知と言葉の星座　I think.

素敵なところ

イマジネーション能力が高く、言葉と物語を愛するユニークな人々です。フットワークが良く、センサーが敏感で、いくつになっても若々しく見えます。場の空気・状況を変える力を持っています。

キーワード

言葉／コミュニケーション／取引・ビジネス／相対性／比較／関連づけ／物語／比喩／移動／旅／ジャーナリズム／靴／天使・翼／小鳥／桜色／桃色／空色／文庫本／文房具／手紙

蟹座　感情の星座　I feel.

素敵なところ

心優しく、共感力が強く、人の世話をするときに手間を惜しみません。行動力に富み、人にあまり相談せずに大胆なアクションを起こすことがありますが、「聞けばちゃんと応えてくれる」人々です。

キーワード

感情／変化／月／守護・保護／日常生活／行動力／共感／安心／繰り返すこと／拒否／生活力／フルーツ／アーモンド／巣穴／胸部、乳房／乳白色／銀色／真珠

獅子座　意思の星座　I will.

素敵なところ

太陽のように肯定的で、安定感があります。深い自信を持っており、側にいる人を安心させることができます。人を頷(うなず)かせる力、一目置かせる力、パワー感を持っています。内面には非常に繊細な部分も。

キーワード

強さ／クールさ／肯定的／安定感／ゴールド／背中／自己表現／演技／芸術／暖炉／広場／人の集まる賑やかな場所／劇場・舞台／お城／愛／子供／緋色／パープル／緑

乙女座　分析の星座　I analyze.

素敵なところ

一見クールに見えるのですが、とても優しく世話好きな人々です。他者に対する観察眼が鋭く、シャープな批評を口にしますが、その相手の変化や成長を心から喜べる、「教育者」の顔を持っています。

キーワード

感受性の鋭さ／「気が利く」人／世話好き／働き者／デザイン／コンサバティブ／胃腸／神経質／分析／調合／変化／回復の早さ／迷いやすさ／研究家／清潔／ブルーブラック／空色／桃色

天秤座　関わりの星座　I balance.

素敵なところ

高い知性に恵まれると同時に、人に対する深い愛を抱いています。視野が広く、客観性を重視し、細やかな気遣いができます。内側には熱い情熱を秘めていて、個性的なこだわりや競争心が強い面も。

キーワード

人間関係／客観視／合理性／比較対象／美／吟味／審美眼／評価／選択／平和／交渉／結婚／諍(いさか)い／調停／パートナーシップ／契約／洗練／豪奢／黒／芥子(からし)色／深紅色／水色／薄い緑色／ベージュ

蠍座　情熱の星座　I desire.

素敵なところ

意志が強く、感情に一貫性があり、愛情深い人々です。一度愛したものはずっと長く愛し続けることができます。信頼に足る、芯の強さを持つ人です。粘り強く努力し、不可能を可能に変えます。

キーワード

融け合う心／継承／遺伝／魅力／支配／提供／共有／非常に古い記憶／放出／流動／隠されたもの／湖沼／果樹園／庭／葡萄酒／琥珀／茶色／濃い赤／カギつきの箱／ギフト

射手座　冒険の星座　I understand.

素敵なところ

冒険心に富む、オープンマインドの人々です。自他に対してごく肯定的で、恐れを知らぬ勇気と明るさで周囲を照らし出します。自分の信じるものに向かってまっすぐに生きる強さを持っています。

キーワード

冒険／挑戦／賭け／負けず嫌い／馬や牛など大きな動物／遠い外国／語学／宗教／理想／哲学／おおらかさ／自由／普遍性／スピードの出る乗り物／船／黄色／緑色／ターコイズブルー／グレー

山羊座　実現の星座　I use.

素敵なところ

夢を現実に変えることのできる人々です。自分個人の世界だけに収まる小さな夢ではなく、世の中を変えるような、大きな夢を叶えることができる力を持っています。優しく力強く、芸術的な人です。

キーワード

城を築く／行動力／実現／責任感／守備／権力／支配者／組織／芸術／伝統／骨董品／彫刻／寺院／華やかな色彩／ゴージャス／大きな楽器／黒／焦げ茶色／薄い茜色／深緑

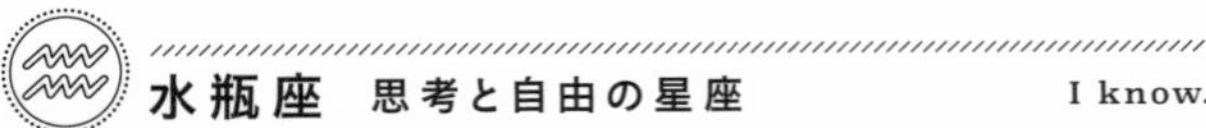

水瓶座　思考と自由の星座　I know.

素敵なところ

自分の頭でゼロから考えようとする、澄んだ思考の持ち主です。友情に篤く、損得抜きで人と関わろうとする、静かな情熱を秘めています。ユニークなアイデアを実行に移すときは無二の輝きを放ちます。

キーワード

自由／友情／公平・平等／時代の流れ／流行／メカニズム／合理性／ユニセックス／神秘的／宇宙／飛行機／通信技術／電気／メタリック／スカイブルー／チェック、ストライプ

魚座　透明な心の星座　I believe.

素敵なところ

人と人とを分ける境界線を、自由自在に越えていく不思議な力の持ち主です。人の心にするりと入り込み、相手を支え慰めることができます。場や世界を包み込むような大きな心を持っています。

キーワード

変容／変身／愛／海／救済／犠牲／崇高／聖なるもの／無制限／変幻自在／天衣無縫／幻想／瞑想／蠱惑（こわく）／エキゾチック／ミステリアス／シースルー／黎明／白／ターコイズブルー／マリンブルー

HOSHIORI

用語解説

星の逆行

星占いで用いる星々のうち、太陽と月以外の惑星と冥王星は、しばしば「逆行」します。これは、星が実際に軌道を逆走するのではなく、あくまで「地球からそう見える」ということです。

たとえば同じ方向に向かう特急電車が普通電車を追い抜くとき、相手が後退しているように見えます。「星の逆行」は、この現象に似ています。地球も他の惑星と同様、太陽のまわりをぐるぐる回っています。ゆえに一方がもう一方を追い抜くとき、あるいは太陽の向こう側に回ったときに、相手が「逆走している」ように見えるのです。

星占いの世界では、星が逆行するとき、その星の担うテーマにおいて停滞や混乱、イレギュラーなことが起こる、と解釈されることが一般的です。ただし、この「イレギュラー」は「不運・望ましくない展開」なのかというと、そうではありません。

私たちは自分なりの推測や想像に基づいて未来の計画を立て、無意識に期待し、「次に起こること」を待ち受けます。その「待ち受けている」場所に思い通りのボールが飛んでこなかったとき、苛立(いらだ)ちや焦り、不安などを感じます。でも、そのこと自体が「悪いこと」かというと、決してそうではないはずです。なぜなら、人間の推測や想像には、限界があるからです。推測通りにならないことと、「不運」はまったく別のことです。

星の逆行時は、私たちの推測や計画と、実際に巡ってくる未来とが「噛み合いにくい」ときと言えます。ゆえに、現実に起こる出来事全体が、言わば「ガイド役・導き手」となります。目の前に起こる出来事に導いてもらうような形で先に進み、いつしか、自分の想像力では辿り着けなかった場所に「つれていってもらえる」わけです。

水星の逆行は年に三度ほど、一回につき3週間程度で起こります。金星は約1年半ごと、火星は2年に一度ほど、他の星は毎年太陽の反対側に回る数ヵ月、それぞれ逆行します。

たとえば水星逆行時は、以下のようなことが言われます。

◆失(う)せ物が出てくる／この時期なくしたものはあとで出てくる
◆旧友と再会できる
◆交通、コミュニケーションが混乱する
◆予定の変更、物事の停滞、遅延、やり直しが発生する

これらは「悪いこと」ではなく、無意識に通り過ぎてしまった場所に忘れ物を取りに行くような、あるいは、トンネルを通って山の向こうへ出るような動きです。掛け違えたボタンを外してはめ直すようなことができる時間なのです。

ボイドタイム—月のボイド・オブ・コース

ボイドタイムとは、正式には「月のボイド・オブ・コース」となります。実は、月以外の星にもボイドはあるのですが、月のボイドタイムは3日に一度という頻度で巡ってくるので、最も親しみやすい（？）時間と言えます。ボイドタイムの定義は「その星が今いる星座を出るまで、他の星とアスペクト（特別な角度）を結ばない時間帯」です。詳しくは占星術の教科書などをあたってみて下さい。

月のボイドタイムには、一般に、以下のようなことが言われています。

◆予定していたことが起こらない／想定外のことが起こる
◆ボイドタイムに着手したことは無効になる
◆期待通りの結果にならない
◆ここでの心配事はあまり意味がない
◆取り越し苦労をしやすい
◆衝動買いをしやすい
◆この時間に占いをしても、無効になる。意味がない

ボイドをとても嫌う人も少なくないのですが、これらをよく見ると、「悪いことが起こる」時間ではなく、「あまりいろいろ気にしなくてもいい時間」と思えないでしょうか。

とはいえ、たとえば大事な手術や面接、会議などがこの時間帯に重なっていると「予定を変更したほうがいいかな？」という気持ちになる人もいると思います。

この件では、占い手によっても様々に意見が分かれます。その人の人生観や世界観によって、解釈が変わり得る要素だと思います。

以下は私の意見なのですが、大事な予定があって、そこにボイドや逆行が重なっていても、私自身はまったく気にしません。

では、ボイドタイムは何の役に立つのでしょうか。一番役に立つのは「ボイドの終わる時間」です。ボイド終了時間は、星が星座から星座へ、ハウスからハウスへ移動する瞬間です。つまり、ここから新しい時間が始まるのです。

たとえば、何かうまくいかないことがあったなら、「366日のカレンダー」を見て、ボイドタイムを確認します。もしボイドだったら、ボイド終了後に、物事が好転するかもしれません。待っているものが来るかもしれません。辛い待ち時間や気持ちの落ち込んだ時間は、決して「永遠」ではないのです。

月齢について

本書では月の位置している星座から、自分にとっての「ハウス」を読み取り、毎日の「月のテーマ」を紹介しています。ですが月にはもう一つの「時計」としての機能があります。それは、「満ち欠け」です。

月は1ヵ月弱のサイクルで満ち欠けを繰り返します。夕方に月がふと目に入るのは、新月から満月へと月が膨らんでいく時間です。満月から新月へと月が欠けていく時間は、月が夜遅くから明け方でないと姿を現さなくなります。

夕方に月が見える・膨らんでいく時間は「明るい月の時間」で、物事も発展的に成長・拡大していくと考えられています。一方、月がなかなか出てこない・欠けていく時間は「暗い月の時間」で、物事が縮小・凝縮していく時間となります。

これらのことはもちろん、科学的な裏付けがあるわけではなく、あくまで「古くからの言い伝え」に近いものです。

新月と満月のサイクルは「時間の死と再生のサイクル」です。このサイクルは、植物が繁茂しては枯れ、種によって子孫を残す、というイメージに重なります。「死」は本当の「死」ではなく、種や球根が一見眠っているように見える、その状態を意味します。

そんな月の時間のイメージを、図にしてみました。

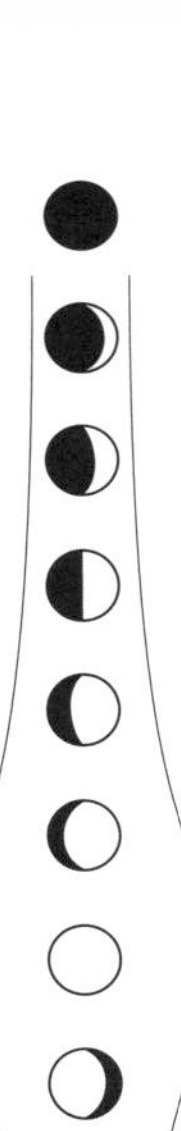

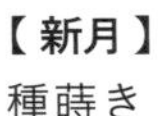

【新月】
種蒔き

芽が出る、新しいことを始める、目標を決める、新品を下ろす、髪を切る、悪癖をやめる、コスメなど、古いものを新しいものに替える

【上弦】
成長

勢い良く成長していく、物事を付け加える、増やす、広げる、決定していく、少し一本調子になりがち

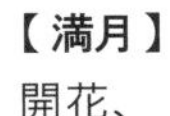

【満月】
開花、
結実

達成、到達、充実、種の拡散、実を収穫する、人間関係の拡大、ロングスパンでの計画、このタイミングにゴールや〆切りを設定しておく

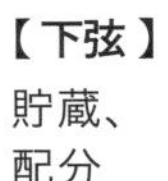

【下弦】
貯蔵、
配分

加工、貯蔵、未来を見越した作業、不要品の処分、故障したものの修理、古物の再利用を考える、蒔くべき種の選別、ダイエット開始、新月の直前、材木を切り出す

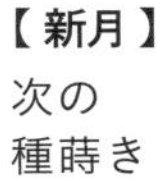

【新月】
次の
種蒔き

新しい始まり、仕切り直し、軌道修正、過去とは違った選択、変更

月のフェーズ

以下、月のフェーズを六つに分けて説明してみます。

● 新月　New moon

「スタート」です。時間がリセットされ、新しい時間が始まる！というイメージのタイミングです。この日を境に悩みや迷いから抜け出せる人も多いようです。とはいえ新月の当日は、気持ちが少し不安定になる、という人もいるようです。細い針のような月が姿を現す頃には、フレッシュで爽やかな気持ちになれるはずです。日食は「特別な新月」で、1年に二度ほど起こります。ロングスパンでの「始まり」のときです。

◐ 三日月〜◐ 上弦の月　Waxing crescent - First quarter moon

ほっそりした月が半月に向かうに従って、春の草花が生き生きと繁茂するように、物事が勢い良く成長・拡大していきます。大きく育てたいものをどんどん仕込んでいけるときです。

◐ 十三夜月〜小望月（こもちづき）　Waxing gibbous moon

少量の水より、大量の水を運ぶときのほうが慎重さを必要とします。それにも似て、この時期は物事が「完成形」に近づき、細かい目配りや粘り強さ、慎重さが必要になるようです。一歩一歩確かめながら、満月というゴールに向かいます。

◯ 満月　Full moon

新月からおよそ2週間、物事がピークに達するタイミングです。文字通り「満ちる」ときで、「満を持して」実行に移せることもあるでしょう。大事なイベントが満月の日に計画されている、ということもよくあります。意識してそうしたのでなくとも、関係者の予定を繰り合わせたところ、自然と満月前後に物事のゴールが置かれることがあるのです。
月食は「特別な満月」で、半年から1年といったロングスパンでの「到達点」です。長期的なプロセスにおける「折り返し地点」のような出来事が起こりやすいときです。

◑ 十六夜(いざよい)の月～寝待月(ねまちづき)　Waning gibbous moon

樹木の苗や球根を植えたい時期です。時間をかけて育てていくようなテーマが、ここでスタートさせやすいのです。また、細くなっていく月に擬(なぞら)えて、ダイエットを始めるのにも良い、とも言われます。植物が種をできるだけ広くまき散らそうとするように、人間関係が広がるのもこの時期です。

◑ 下弦の月～◐ 二十六夜月　Last quarter - Waning crescent moon

秋から冬に球根が力を蓄えるように、ここでは「成熟」がテーマとなります。物事を手の中にしっかり掌握し、力をためつつ「次」を見据えてゆっくり動くときです。いたずらに物珍しいことに踊らされない、どっしりした姿勢が似合います。

◈太陽星座早見表　水瓶座
（1930～2025年／日本時間）

太陽が水瓶座に滞在する時間帯を下記の表にまとめました。
これより前は山羊座、これより後は魚座ということになります。

生まれた年	期　間
1930	1/21 3:33 ～ 2/19 17:59
1931	1/21 9:18 ～ 2/19 23:39
1932	1/21 15:07 ～ 2/20 5:27
1933	1/20 20:53 ～ 2/19 11:15
1934	1/21 2:37 ～ 2/19 17:01
1935	1/21 8:28 ～ 2/19 22:51
1936	1/21 14:12 ～ 2/20 4:32
1937	1/20 20:01 ～ 2/19 10:20
1938	1/21 1:59 ～ 2/19 16:19
1939	1/21 7:51 ～ 2/19 22:08
1940	1/21 13:44 ～ 2/20 4:03
1941	1/20 19:34 ～ 2/19 9:55
1942	1/21 1:24 ～ 2/19 15:46
1943	1/21 7:19 ～ 2/19 21:39
1944	1/21 13:07 ～ 2/20 3:26
1945	1/20 18:54 ～ 2/19 9:14
1946	1/21 0:45 ～ 2/19 15:08
1947	1/21 6:32 ～ 2/19 20:51
1948	1/21 12:18 ～ 2/20 2:36
1949	1/20 18:09 ～ 2/19 8:26
1950	1/21 0:00 ～ 2/19 14:17
1951	1/21 5:52 ～ 2/19 20:09
1952	1/21 11:38 ～ 2/20 1:56
1953	1/20 17:21 ～ 2/19 7:40

生まれた年	期　間
1954	1/20 23:11 ～ 2/19 13:31
1955	1/21 5:02 ～ 2/19 19:18
1956	1/21 10:48 ～ 2/20 1:04
1957	1/20 16:39 ～ 2/19 6:57
1958	1/20 22:28 ～ 2/19 12:47
1959	1/21 4:19 ～ 2/19 18:37
1960	1/21 10:10 ～ 2/20 0:25
1961	1/20 16:01 ～ 2/19 6:15
1962	1/20 21:58 ～ 2/19 12:14
1963	1/21 3:54 ～ 2/19 18:08
1964	1/21 9:41 ～ 2/19 23:56
1965	1/20 15:29 ～ 2/19 5:47
1966	1/20 21:20 ～ 2/19 11:37
1967	1/21 3:08 ～ 2/19 17:23
1968	1/21 8:54 ～ 2/19 23:08
1969	1/20 14:38 ～ 2/19 4:54
1970	1/20 20:24 ～ 2/19 10:41
1971	1/21 2:13 ～ 2/19 16:26
1972	1/21 7:59 ～ 2/19 22:10
1973	1/20 13:48 ～ 2/19 4:00
1974	1/20 19:46 ～ 2/19 9:58
1975	1/21 1:36 ～ 2/19 15:49
1976	1/21 7:25 ～ 2/19 21:39
1977	1/20 13:14 ～ 2/19 3:29

生まれた年	期　間				
1978	1/20	19:04	～	2/19	9:20
1979	1/21	1:00	～	2/19	15:12
1980	1/21	6:49	～	2/19	21:01
1981	1/20	12:36	～	2/19	2:51
1982	1/20	18:31	～	2/19	8:46
1983	1/21	0:17	～	2/19	14:30
1984	1/21	6:05	～	2/19	20:15
1985	1/20	11:58	～	2/19	2:06
1986	1/20	17:46	～	2/19	7:57
1987	1/20	23:40	～	2/19	13:49
1988	1/21	5:24	～	2/19	19:34
1989	1/20	11:07	～	2/19	1:20
1990	1/20	17:02	～	2/19	7:13
1991	1/20	22:47	～	2/19	12:57
1992	1/21	4:32	～	2/19	18:42
1993	1/20	10:23	～	2/19	0:34
1994	1/20	16:07	～	2/19	6:21
1995	1/20	22:00	～	2/19	12:10
1996	1/21	3:52	～	2/19	18:00
1997	1/20	9:42	～	2/18	23:50
1998	1/20	15:46	～	2/19	5:54
1999	1/20	21:37	～	2/19	11:46
2000	1/21	3:23	～	2/19	17:32
2001	1/20	9:17	～	2/18	23:27

生まれた年	期　間				
2002	1/20	15:03	～	2/19	5:13
2003	1/20	20:54	～	2/19	11:00
2004	1/21	2:43	～	2/19	16:50
2005	1/20	8:23	～	2/18	22:32
2006	1/20	14:16	～	2/19	4:26
2007	1/20	20:02	～	2/19	10:09
2008	1/21	1:45	～	2/19	15:50
2009	1/20	7:41	～	2/18	21:46
2010	1/20	13:29	～	2/19	3:36
2011	1/20	19:20	～	2/19	9:25
2012	1/21	1:11	～	2/19	15:18
2013	1/20	6:53	～	2/18	21:02
2014	1/20	12:52	～	2/19	3:00
2015	1/20	18:44	～	2/19	8:50
2016	1/21	0:28	～	2/19	14:34
2017	1/20	6:25	～	2/18	20:31
2018	1/20	12:10	～	2/19	2:18
2019	1/20	18:01	～	2/19	8:04
2020	1/20	23:56	～	2/19	13:57
2021	1/20	5:41	～	2/18	19:44
2022	1/20	11:39	～	2/19	1:42
2023	1/20	17:30	～	2/19	7:34
2024	1/20	23:08	～	2/19	13:12
2025	1/20	5:00	～	2/18	19:06

おわりに

年次版の文庫サイズ『星栞』は、本書でシリーズ5作目となりました。昨年の「スイーツ」をモチーフにした12冊はそのかわいらしさから多くの方に手に取って頂き、とても嬉しかったです。ありがとうございます！

そして2024年版の表紙イラストは、一見して「何のテーマ？？？」となった方も少なくないかと思うのですが、実は「ペアになっているもの」で揃えてみました（！）。2024年の星の動きの「軸」の一つが、木星の牡牛座から双子座への移動です。双子座と言えば「ペア」なので、双子のようなものやペアでしか使わないようなものを、表紙のモチーフとして頂いたのです。柿崎サラさんに、とてもかわいくスタイリッシュな雰囲気に描いて頂けて、みなさんに手に取って頂くのがとても楽しみです。

星占いの12星座には「ダブルボディーズ・サイン」と呼ばれる星座があります。すなわち、双子座、乙女座、射手座、魚座です。双子座は双子、魚座は「双魚宮」で2体です。メソポタミア時代の古い星座絵には、乙女座付近に複数の乙女が描かれています。そして、射手座は上半身が人間、下半身が馬という、別の意味での「ダブルボディ」となっています。「ダブルボディーズ・サイン」は、季節の変わり目を担当する星座です。「三寒四温」のように行きつ戻りつしながら物事が変化していく、その複雑な時間を象徴しているのです。私たちも、様々な「ダブルボディ」を生きているところがあるように思います。職場と家では別の顔を持っていたり、本音と建前が違ったり、過去の自分と今の自分は全く違う価値観を生きていたりします。こうした「違い」を「八方美人」「ブレている」などと否定する向きもありますが、むしろ、色々な自分を生きることこそが、自由な人生、と言えないでしょうか。2024年は「自分」のバリエーションを増やしていくような、それによって心が解放されていくような時間となるのかもしれません。

星栞（ほしおり） 2024年の星占い
水瓶座

2023年9月30日　第1刷発行

著者　石井（いしい）ゆかり

発行人　石原正康
発行元　株式会社 幻冬舎コミックス
〒151-0051　東京都渋谷区千駄ヶ谷4-9-7
電話　03-5411-6431（編集）
発売元　株式会社 幻冬舎
〒151-0051　東京都渋谷区千駄ヶ谷4-9-7
電話　03-5411-6222（営業）
振替　00120-8-767643

印刷・製本所：株式会社 光邦
デザイン：竹田麻衣子（Lim）
DTP：株式会社 森の印刷屋、安居大輔（Dデザイン）
STAFF：齋藤至代（幻冬舎コミックス）、
佐藤映湖・滝澤 航（オーキャン）、三森定史
装画：柿崎サラ

ISBN978-4-344-85268-6 C0176　Printed in Japan
幻冬舎コミックスホームページ　https://www.gentosha-comics.net